MELANIE PIGNITTER

Wenn ein Satz dein Leben verändert

Die kraftvollsten **Affirmationen** für dein positives Selbst

INHALT

EINLEITUNG: DIE MAGIE DER WORTE

Worte können unendlichen Schmerz, aber auch unendliche Liebe und Freude auslösen. Wie die meisten von uns machte ich in meinem Leben mit beiden Wirkungsweisen Bekanntschaft. Ich erinnere mich noch genau, wie ich als Mädchen von sieben Jahren mit jedem neuen Schultag mehr davon überzeugt wurde, dass ich nicht gut, nicht klug und nicht schnell genug sei. »Schnecke« nannte mich meine Grundschullehrerin damals wenig liebevoll, wenn ich wieder einmal als Letzte mein Aufgabenheft abgab. »In deinem Schneckentempo wirst du es nie zu etwas bringen!«

Nachdem die Schule wenig Erfolgserlebnisse für mich bereithielt, versuchte ich mit neun Jahren mein Glück im Volleyballverein. »Vielleicht kann ich ja hier beweisen, dass ich schnell und gut genug bin!«, dachte ich. Monatelang trainierte ich gemeinsam mit den anderen Mädchen, bis es schließlich zur Mannschaftsaufstellung für das erste Match kam. Ich wurde damals als Einzige nicht aufgestellt und musste auf der Ersatzbank Platz nehmen. »Warum darf ich nicht?«, fragte ich den Trainer unverblümt in der Überzeugung, dass es ein Versehen sei, mich nicht mitspielen zu lassen. Die Antwort prägte sich tief in mein Kinderherz ein. »Sorry, du bist nicht einmal Durchschnitt. Wenn ich dich aufstelle, verlieren wir.«

»Ich bin nicht einmal Durchschnitt. Ich bin langsam wie eine Schnecke. Ich werde es nie zu etwas bringen.« So hallte es jahrelang in meinem Kopf. Die Sätze prägten sich so sehr ein, dass ich begann, sogar die Realität zu verweigern. Ich erinnere mich noch gut daran, wie ich zehn Jahre später bei meinem Maturaabschluss in Mathematik all meine Prüfungsaufgaben zwei Stunden vor der Abgabe-Deadline erledigt hatte, aber dennoch der Überzeugung war, dass ich nicht fertig sei. Ich sah mich um und stellte fest, dass meine Mitschüler alle noch fleißig rechneten. Nachdem ich ja mein Leben lang die Schnecke gewesen war, konnte das nur bedeuten, dass ich etwas übersehen haben musste. Ich überprüfte alle Anforderungen und Aufgaben noch mindestens zehnmal. Es dauerte über eine Stunde, bis ich mich selbst davon überzeugt hatte, dass ich tatsächlich eine der Schnellsten gewesen war, und meine Arbeit endlich abgab.

Als ich schließlich nach zwei Wochen Wartezeit einen Anruf von meinem Lehrer bekam und er mir mitteilte, ich hätte bei meiner Matura die Note »Sehr gut« erreicht, war das Erste, was ich sagte: »Das kann nicht sein. Ich bin doch nicht einmal Durchschnitt, Sie müssen meine Arbeit verwechselt haben.«

SCHATTEN … UND LICHT

Du siehst: Die Sätze, die mir meine Lehrer in der Kindheit mitgaben, prägten mich so sehr, dass selbst große Gegenbeweise in der Realität meinen negativen Glauben mich selbst betreffend schwer verändern konnten. Vermutlich würde ich heute noch mit diesen Glaubenssätzen durch die Welt gehen, wenn ich die Kraft der Worte nicht für mich entdeckt hätte. Damit wurden mir auch andere Sätze in meinem Leben bewusst, die meinen Glauben in eine völlig andere Richtung lenkten. Denn zum Glück begegnete ich auch positiven Worten in meiner Kindheit, die sich wie ein Siegel tief in mein Unterbewusstsein einprägten. Ich erinnere mich zum Beispiel noch sehr gut an jenen Tag, an dem mir meine Deutschlehrerin sagte: »Dein Text hat mich zutiefst bewegt. Du bist richtig talentiert.« Mein Kopf glühte vor Freude und Stolz – ich war also doch keine Durchschnittsschülerin, sondern hatte sogar Talent. Als ich an diesem Tag nach der Schule nach Hause schlenderte, weinte ich Glückstränen.

Auch ein Satz, den eine Freundin sagte, als meine erste große Liebe nach einem längeren Geplänkel meinte, ich sei zwar urlieb, aber nicht genug für etwas Festes, ist mir noch heute gut in Erinnerung. »Jeder, der dich heute gehen lässt, wird es später bereuen, denn du hast das schönste Herz von allen.«

In meiner Jugend und im frühen Erwachsenenalter hatte ich außerdem oft das Gefühl, für andere nur eine Last, aber keine Bereicherung zu sein. Ich fühlte mich daher oft nicht willkommen. Als mein Partner vor einigen Jahren an einem Sonntag aufwachte, mich in den Arm nahm und sagte: »Das Beste, das mir jeden Tag passiert, ist, neben dir aufzuwachen«, bröckelte endlich ein großer Teil dieses unangenehmen Glaubenssatzes.

Warum ich dir von meiner Schulzeit und der ersten Liebe in meinem Leben erzähle? Weil Worte mächtig sind. Unglaublich mächtig. Die in meinen Anekdoten erwähnten Sätze haben mein Leben für immer verändert. Worte können auf gigantische Weise positiv und negativ wirken. Das geht so weit, dass manche sogar meinen, Worte seien die stärkste Medizin. Im Zweiten Weltkrieg beispielsweise gingen dem Krankenhauspersonal häufig die Medikamente aus. Wenn Patienten Qualen litten, spritzte man ihnen wirkungslose Kochsalzlösungen und sagte, es handle sich dabei um Morphium. Fast alle Patienten erlebten daraufhin eine Erleichterung des Schmerzes, bei manchen verschwanden die Schmerzen sogar komplett. Wie ist das möglich?

Man nennt dieses Phänomen Placeboeffekt. Er tritt beispielsweise ein, wenn wir den Worten eines Arztes oder Heilers unseren Glauben schenken. Er beweist, dass unser Glaube an Worte wahre Wunder vollbringen kann. Umgekehrt bedeutet das aber auch, dass uns Worte kränken und dazu führen können, dass unser Leben eine Richtung einschlägt, die wir niemals freiwillig wählen würden. Aber wir sind diesen Worten nicht ausgeliefert, wir können sie erneuern, verändern und zu Sätzen werden lassen, die heilen und uns dabei helfen, über uns selbst hinauszuwachsen und ein erfülltes Leben zu führen.

NUTZE DIE RICHTIGEN WORTE ALS MEDIZIN

Du kannst es dir so vorstellen: Da gibt es unser Unterbewusstsein, in dem alle Sätze, die so schwer wiegen, dass sie zu einer inneren Überzeugung geworden sind, wohnen. Stell es dir vor wie eine Art Glashaus mit Pflänzchen. Jeder negative Glaubenssatz ist Unkraut. Aber es gibt auch positive Glaubenssätze – wir können sie wie Affirmationen nutzen: bestärkende,

positive Aussagen. Aus meinen Anekdoten ließe sich zum Beispiel der Satz bilden: »Ich bin talentiert.« Oder: „Mein Herz ist wunderschön.«

Affirmationen sind sehr schöne Pflanzen. Je mehr wir davon in unser Unterbewusstsein pflanzen, desto positiver beeinflussen sie unser Leben. Außerdem schlagen sie Wurzeln und können, wenn wir sie fleißig gießen, den negativen Sätzen ihre Energie rauben, sodass diese schrumpfen oder gar verdorren. Das aber gelingt nur, wenn wir die positiven Affirmationen so tief verankern, dass sie wachsen und gedeihen können.

Wie es gelingt, die richtigen Samen zu setzen und anschließend die Affirmationen statt der negativen Glaubenssätze zu gießen, das erzähle ich dir in diesem Buch. Wichtig zu verstehen ist, dass Affirmationen nicht nur Sätze sind, die in deinem Kopf herumschwirren. Nein, Affirmationen werden, wenn wir sie richtig anwenden, zu tiefen inneren Überzeugungen. Und diese Überzeugungen steuern unser Leben.

Als Beispiel: Bei mir ist der Satz »Du bist talentiert« zur Überzeugung geworden und hat daraufhin ausgelöst, dass ich meine Schreibliebe entdeckte und viele Jahre später sogar Spiegel-Bestsellerautorin wurde. Natürlich war das nicht nur diesem einen Satz geschuldet, aber ich bin überzeugt davon, dass dieser Satz der Samen für all das war, was danach kam. Weil meine Lehrerin für mich eine Autoritätsperson war, glaubte ich ihr diesen Satz. Ich war also fortan davon überzeugt, ein Talent zu haben. Dieser Glaube führte dazu, dass ich meine Gedanken über mich, meine Empfindungen und meine Handlungen nach und nach der Überzeugung anpasste.

WENN DU AFFIRMATIONEN RICHTIG EINSETZT, VERÄNDERN SIE:

- deine täglichen Gedanken über dich selbst
- die Meinung, die du über dich selbst hast – also dein Selbstbild
- deine Sprache, deine Mimik und Gestik und so auch die Wirkung, die du auf andere hast
- die Worte, die du sprichst
- den Glauben an dich und so auch an deine Fähigkeiten
- dein Verhalten und so nach und nach auch das, was du in deinem Leben erschaffst
- deine Sicht auf die Welt und so auch die Situationen und Menschen, die dir begegnen
- deine Beziehung zu dir selbst und so auch den Grad, wie sehr du dich selbst glücklich machst.

Es lohnt sich! Also, lass uns die Welt der Kraftsätze entdecken und sie wie Konfetti in dein Leben streuen, um es erfüllter, bunter und freudvoller zu machen.

Die Kraft der Worte nutzen

In diesem Kapitel möchte ich dich auf eine Reise mitnehmen, die dir die Kraft deiner Worte bewusst macht, und dir das noch immer unterschätzte mentale Werkzeug namens Affirmationen bis in die Tiefe vorstellen. Auch wenn du bereits mit Affirmationen gearbeitet hast, wird dich dieses Buch bereichern, denn meist ist uns ihre Wirkkraft und die Vielfalt ihrer Anwendungsgebiete nur marginal bekannt.

HEBELEFFEKT: WIE AFFIRMATIONEN ALLES VERÄNDERN

Du wirst in diesem Buch lernen, dir mithilfe von Affirmationen das Leben zu erschaffen, das du wirklich verdienst. Vielleicht hast du einige Zweifel, weil du denkst, Affirmationen sind ein alter Hut, oder du hast auf Social Media gelesen, Affirmationen wären nicht nachhaltig oder gar ungesund, oder du hast vielleicht sogar selbst die Erfahrung gemacht, dass Affirmationen manchmal wirken, aber manchmal auch nicht. Doch ich kann dich an dieser Stelle beruhigen. Gemeinsam werden wir in diesem Buch alle Mythen ausräumen, Stolpersteine entlarven, neue spielerische Wege zur Anwendung von Affirmationen entdecken und einfache Tools kennenlernen, die die maximale Kraft deiner Worte freisetzen.

KLEINER REISEFÜHRER FÜR DIESES BUCH

Im ersten Buchteil gibt es spannendes Hintergrundwissen, das dich dabei unterstützt, die Wirkung der Affirmationen voll auszuschöpfen. Außerdem bekommst du hier einen bunten Werkzeugkoffer aus Affirmationsverstärkern und Tools an die Hand, die du anschließend im Alltag wunderbar einsetzen kannst, auch wenn du nicht übermäßig viel Zeit hast.

Der zweite Buchteil ist ein Nachschlagewerk, das dir dazu dient, die richtige Affirmation für deinen Wunsch oder deine

Problemlösung zu finden. Du findest in diesem Teil Hunderte Affirmationen, gegliedert nach Themen und Lebensbereichen – für dich selbst, deine Klienten oder deine Liebsten. Außerdem gibt es dort Hilfe, wie du die aktuell passende Thematik und Affirmation finden kannst.

WARUM WIRKEN WORTE SO STARK?

Stell dir vor, du schlägst frühmorgens die Decke zurück und noch bevor du dich aufrichtest, hörst du eine Stimme, die sagt: »Guten Morgen, du Null! Du siehst ja heute genauso scheiße aus wie gestern. Ich wette, du bekommst heute wieder nichts auf die Reihe. Mich wundert es echt nicht, dass dich niemand mag. Los jetzt, du fauler Sack, mach dich an die Arbeit!«

Keine schöne Vorstellung, oder?

Probieren wir es noch mal anders. Diesmal erreichen dich nach acht Stunden angenehmem Schlaf folgende Sätze: »Guten Morgen, meine Liebe! Schön, dass du wach bist. Ich mag es, wenn du so lieblich und verschlafen aussiehst. Ich freu mich schon darauf, mit dir den Tag zu verbringen. Denk immer daran: Du bist ein Geschenk für deine Mitmenschen. Und du kannst alles schaffen, was du dir vornimmst.«

Schon besser, oder?

Beide Realitäten sind möglich, je nachdem, welche Sätze du in deinem Unterbewusstsein vorwiegend gespeichert hast, denn schließlich bist du es selbst, der im Verlauf eines Tages Tausende Gedanken an dich richtet. Kein anderer Mensch auf Erden spricht so viel mit dir wie du selbst. Mehr als 70 000 Gedanken pro Tag rasen dir durch den Kopf. Man könnte also sagen, du führst den lieben langen Tag Selbstgespräche.

Erstaunlich dabei ist, dass sich dieselben 70 000 Gedanken stets wiederholen. Wir sind bei der Auswahl also nicht besonders kreativ. Bis zu 95 Prozent der Sätze, die wir täglich in Gedanken an uns selbst richten, haben wir schon am Vortag oder am Vor-Vortag an uns gerichtet. Kurzum: Wir sagen uns immer und immer wieder das Gleiche in Gedanken vor. Nun könntest du denken, na ja, 70 000 Gedanken sind ja trotzdem ganz schön viele unterschiedliche. Aber es gibt meistens einen Chefgedanken, der mit einer kleinen Armee an Folgegedanken antanzt. Diese Folgegedanken plappern dem Chef unreflektiert alles nach, wobei sie dafür gern andere Worte verwenden. Die Aussage aber bleibt dieselbe.

Ein Beispiel: Du machst einen Fehler und schon kommt der Chefgedanke »Ich bin nicht gut genug«. Kaum ist er da, tanzt seine Armee an und reiht sich in sein Kommando ein: »Du machst immer so viele Fehler. Nie kannst du etwas richtig machen. Du warst schon als Kind ein Desaster. Dein Vater hatte recht, aus dir wird nie etwas. Auch deine Ehe hast du vermasselt. Niemand mag dich wirklich. Kein Wunder – du bist halt nicht gut genug.«

Was schrecklich klingt, steht leider bei vielen Selbstgesprächen auf der Tagesordnung. Mehr als die Hälfte der Gedanken, die wir täglich über uns denken, sind negativ oder sogar selbstzerstörerisch. Das liegt vor allem daran, dass unsere Chefgedanken – man nennt sie auch Glaubenssätze – negativ sind. Das hat aber auch etwas Gutes, denn wir müssen gar nicht lernen, alle 70 000 Gedanken zu transformieren, um glücklicher und befreiter zu leben. Nein! Wir müssen lediglich die Chefetage oder anders gesagt: die Leitgedanken austauschen.

Wenn wir es schaffen, diese gegen positive Chefs – also Affirmationen – zu ersetzen, dann ändert sich dadurch das gesamte innere Betriebsklima. Wir können wachsen, langjährige Muster hinter uns lassen, neue Wege gehen und dafür sorgen, dass unsere sehnlichsten Wünsche endlich in Erfüllung gehen.

Deshalb brauchst du auch keine 200 Affirmationen, um dein Leben zu verändern. Oft kann tatsächlich ein Kraftsatz, den du tief im Unterbewusstsein verankerst, zum Wandel führen. Es ist aber trotzdem hilfreich, nicht nur einen neuen Chef einzustellen, sondern die Verantwortung für ein gutes inneres Betriebsklima auf mehrere Lead-Affirmationen zu verteilen.

AFFIRMATIONEN WIRKEN, UND ZWAR UMFASSEND

Nun lass uns dein Hintergrundwissen und so deine Überzeugung stärken, dass der richtige Einsatz von Lead-Affirmationen dein Leben tatsächlich auf positive Weise auf den Kopf stellen kann. Wir tun dies beispielhaft anhand von Sabines Glaubenssätzen: In der zweiten Spalte siehst du die Auswirkungen auf Sabines Leben mit einem negativen Lead-Glaubenssatz. In der dritten Spalte siehst du, wie sich Sabines Leben mit positiven Affirmationen gestaltet.

	Sabines negativer Lead-Glaubenssatz, bevor sie mit Affirmationen gearbeitet hat: **»Ich bin eine Last.«**	Sabines neue, heilsame Leit-Affirmation: **»Ich bin eine Bereicherung für meine Mitmenschen.«**
	↓	↓
Folgegedanken und Gefühle: Dem Leitsatz folgt automatisch eine Armee, die Gefühle auslöst.	»Ich bin immer nur im Weg. Ich bin unnütz. Ich mache jedem nur Umstände. Niemand mag mich in seiner Nähe haben. Ich bin allein.« Ein schmerzhaftes Gefühl entsteht.	»Ich bin willkommen. Andere freuen sich, wenn ich da bin. Ich werde gesehen, gemocht und geliebt. Ich bin ein liebenswerter Mensch.« Ein angenehmes Gefühl und Selbstvertrauen entstehen.
	↓	↓
Handlung: Die Gedanken und Gefühle beeinflussen das Handeln.	Weil Sabine denkt und fühlt, sie sei nicht willkommen, spricht sie nur wenig mit Kolleginnen und findet keinen Anschluss. Obwohl sich Sabine allein fühlt, ruft sie niemanden an. Sie glaubt, ohnehin nicht willkommen zu sein. Oder: Sie ruft ihre Freundin an, entschuldigt sich unterwürfig vielfach dafür, weil sie denkt, ein Umstand für die Freundin zu sein.	Sabine traut sich, auf Menschen zuzugehen, weil sie weiß, dass ihre Anwesenheit eine Bereicherung ist. Sie plaudert offen mit dem Nachbarn, der sie anschließend auf einen Kaffee einlädt. Sie ruft ihre Freundin an und schlägt ihr begeistert einen Mädelsabend vor.
	↓	↓

Umfeld: Das Verhalten beeinflusst die Reaktion der Mitmenschen.

Weil Sabine im Job selten etwas sagt, denken einige Kolleginnen, sie sei eingebildet, und behandeln sie nicht gerade freundlich. Andere Kolleginnen nehmen ihr unterwürfiges Verhalten wahr und fühlen sich getriggert. Die Folge: Sie behandeln Sabine von oben herab. Sabines Freundin nimmt die Art, wie sie um etwas fragt, immer öfter als lästig wahr.

Sabine schließt Freundschaft mit ihrem Nachbarn. Die Erfahrung, dass jemand sie spontan so mag, bestärkt ihre Affirmation: »Ich bin eine Bereicherung.« Sabine wird von Tag zu Tag offener und findet bei den Kolleginnen Anschluss. Sabines Chef nimmt die positive Entwicklung wahr und vertraut ihr spannendere Projekte an.

Anhand dieses Beispiels siehst du, wie Chef- oder Leitgedanken tatsächlich nicht nur etwas in dir, sondern auch rund um dich verändern können. Ebenso wichtig: Unsere Gedanken können neben unseren Handlungen und der Reaktion unseres Umfeldes auch unseren Körper maßgeblich beeinflussen, wie bereits in der Einleitung anhand des Placebos erklärt.

Kurzum: Affirmationen können keine Weltwunder bewirken, aber sie können Wunder in deiner täglichen Welt entstehen lassen.

EXKURS ZUR GEHIRNFORSCHUNG

Vielleicht bist du auch so ein Mensch, der, bevor er ein Werkzeug anwendet, genau wissen möchte, wie es funktioniert. Falls ja, gibt es hier einen kleinen Exkurs in die Gehirnforschung für dich. Positive und negative Gedanken leben in unserem Gehirn strikt getrennt. Im rechten Frontallappen unseres Gehirns, oberhalb der Schläfe, ist der Bereich, der aktiv ist, wenn wir negativ denken. Im linken Frontallappen unseres Gehirns, ebenso etwas oberhalb der Schläfe, liegt das Areal für positive Gedanken.

Diese beiden Bereiche sind allerdings selten gleich groß. Warum? Weil jener Bereich, den wir häufiger nutzen, in der Regel größer ist. Ja, tatsächlich, unser Gehirn passt sich unseren Gedanken an. Wenn wir fast immer negativ denken, baut es die Autobahnen im negativen Areal immer weiter aus, während die Straßen im positiven Bereich immer mehr verfallen. Man nennt diese Veränderungsfähigkeit unseres Gehirns Plastizität.

Du bestimmst den Bauplan deines Gehirns.

Du bestimmst, ob du dein Kapital in Form von Gedanken in das positive oder das negative Areal steckst. Die Sache ist allerdings die: Niemand von uns kann 24 Stunden täglich bewusst denken. 80 bis 90 Prozent unserer täglichen Gedanken sind unbewusst. Und immer, wenn wir gerade unbewusst denken, nutzt unser Gehirn den energieschonendsten Weg – und der läuft über die besten und größten Straßen. Ist also das negative Areal besser ausgebaut, wirst du unbewusst immer negativ denken. Weil wir genau das nicht wollen, gilt es den positiven Bereich auf Vordermann zu bringen und genau hier kommen die Affirmationen ins Spiel.

Aus der Gehirnforschung weiß man, dass unser Gehirn bis ins hohe Alter die Fähigkeit hat, seine Vernetzungen zu verändern und neue Nervenzellen auszubilden, vereinfacht gesagt, neue Autobahnen und Straßen zu bauen. Wenn wir also über eine gewisse Zeit bewusst immer wieder Neues denken, verändern wir dadurch unser Gehirn und in Folge auch unser bevorzugtes Denken. An dieser Stelle wird erneut klar, welch weitreichende Wirkung schon ein einziger Satz, dem wir durch stetige Wiederholung dazu verhelfen, eine fünfspurige Autobahn zu bilden, haben kann. Er vergrößert das gesamte positive Gehirnareal und damit, wie schon beschrieben, auch unser tägliches Fühlen, Sprechen, Handeln und unser Umfeld.

Natürlich ist so eine fünfspurige Autobahn nicht an einem Tag gebaut. Je nachdem, wie viele Helfer du im positiven Areal in der Vergangenheit eingestellt hast, kann so ein Bau unterschiedlich lange dauern. Das heißt, wenn du bisher ein sehr pessimistischer Mensch warst, wird es vermutlich einige Tage oder Wochen länger dauern, als wenn du bereits ein geübter Positivdenker bist, der sich bereits seit einigen Jahren mit der Kraft seiner Gedanken und Gefühle auseinandersetzt.

Du siehst, Affirmationen sind ganz und gar kein Hokuspokus, sondern ein wirksames Werkzeug für die Neuausrichtung deines Gehirns. Um aber alle berechtigten Zweifel auszuräumen, werfen wir jetzt einen Blick auf die häufigsten Mythen rund um das Thema Affirmationen.

MYTHEN UND ZWEIFEL AUSRÄUMEN

Jeder, der Erfolg hat, gerät irgendwann unter Kritik. So ist es auch mit Affirmationen. Sie wirken nicht! Sie sind ein alter Hut. Sie sind ungesund. Mit solchen Mythen möchte ich gern aufräumen, damit du mit einem guten Gefühl in die Arbeit mit deinen Kraftsätzen starten kannst.

1. AFFIRMATIONEN SIND MENTAL UNGESUND. SIE SIND TOXISCH POSITIV

Toxische Positivität besteht, wenn du lächelst, obwohl dir zum Weinen ist. Es ist das Unterdrücken von negativen Gefühlen plus gespielte Fröhlichkeit. Eine Affirmation wäre dann toxisch positiv, wenn du dich komplett einsam fühlst und dir lächelnd vorsagst: »Ich bin umhüllt von Liebe und Freude.« Oder wenn du kaum noch weißt, wie du deine Gasrechnung bezahlen sollst, und dir sagst: »Ich liebe es, steinreich zu sein und in Geld zu schwimmen.« Damit Affirmationen niemals toxisch wirken, gilt es zwei wichtige Regeln zu beachten:

LASS EMOTIONEN EHRLICH ZU

Eine Affirmation ist nicht dazu da, um negative Emotionen, die in dir aufsteigen, zu unterdrücken. Wenn dir zum Weinen ist, dann weine! Lass deine negativen Emotionen zu. Gefühle wollen gelebt werden, nur dann können sie sich wandeln.

Eine Hilfsaffirmation für Zeiten, in denen es dir schlecht geht und du nicht fähig zu positiven Gedanken bist, kann sein: »Auch wenn ich mich einsam und verlassen fühle, liebe und akzeptiere ich mich so, wie ich bin.« Du nennst das, was dich belastet, und fügst eine liebevolle Akzeptanz hinzu.

RICHTIGES MASS, RICHTIGE ZEIT

Verwende eine positive Affirmation erst dann, wenn die Heftigkeit des negativen Gefühls nachgelassen hat. Eine Affirmation darf nicht zu stark sein. Wenn du bettelarm bist, solltest du dir nicht sagen: »Ich bin steinreich.« Warum? Du kannst an die Aussage der Affirmation keine Sekunde lang glauben. Im Gegenteil – du wirst vermutlich denken: »Ach, es ist so traurig, ich werde nie im Leben steinreich sein. Dieses Ziel ist so weit weg, dass ich es in 100 Jahren nicht erreiche.« So eine Affirmation richtet tatsächlich mehr Schaden an, als dass sie dir hilft. Sie macht deinen Mangel noch deutlicher.

Du kannst jedoch rasch Abhilfe schaffen, indem du Affirmationen immer so wählst, dass du gerade noch an ihre Erfüllung glauben kannst. In Bezug auf das genannte Beispiel wäre es also besser, wenn du sagen würdest: »Von Tag zu Tag geht es mir finanziell etwas besser.« Oder: »Ich erlaube mir, der Fülle in meinem Leben immer näher zu kommen.«

Sobald sich die Affirmation realisiert hat, du also Erfolge verzeichnet hast, kannst du die nächste Stärkestufe wählen. Affirmationen in der richtigen Stärke sind nicht toxisch!

2. AFFIRMATIONEN SIND EIN ALTER HUT

Diese Behauptung ist auf jeden Fall richtig. Ich selbst bin zum ersten Mal vor über 20 Jahren in Berührung mit den Kraftsätzen gekommen. Aber tatsächlich gibt es Affirmationen schon seit Anfang des 19. Jahrhunderts. Der französische Apotheker und Autor Emil Coué begründete die sogenannte Autosuggestion – also die Affirmation, die man sich selbst vorsagt. Diese basierte übrigens auf zwei Grundgedanken:

- Jeder Gedanke in uns ist bestrebt, wirklich zu werden.
- Unsere Einbildungskraft, die Fähigkeit, sich etwas glauben zu machen, ist bedeutsamer als unser Wille.

Ja, Affirmationen sind definitiv ein alter Hut – aber ein Hut, der sich derart lange hält und seit Generationen in der Persönlichkeitsentwicklung tausendfach weitergegeben wird, muss wohl ein ziemlich guter Hut sein.

3. AFFIRMATIONEN SIND ESOTERISCHER QUATSCH

Dieser Einwand ist sehr schnell ausgeräumt, nachdem wir festgestellt haben, dass der Begründer der heutigen Affirmation ein Apotheker, Wissenschaftler und Mediziner war. Zudem gibt es vielfache Studien zum bereits erläuterten Placeboeffekt sowie zur Wirkkraft unserer Worte. Außerdem hast du im letzten Kapitel gelernt, dass eine Affirmation nicht auf wundersame Weise, sondern als Folgereaktion auf Gedanken, Gefühle, Ausstrahlung und Handlungen wirkt.

4. AFFIRMATIONEN SIND MANIPULATIV

Ja, das ist in der Tat so. Genau genommen manipulieren wir uns dabei selbst auf positive Art und Weise. Das ist auch das Grundprinzip des Mentaltrainings. Wir lenken Gedanken in eine bestimmte, von uns gewünschte Richtung. Eine Fremd-

manipulation durch Affirmationen ist nicht oder nur indirekt möglich. Mit indirekt ist gemeint, dass Affirmationen unsere Gedanken, Gefühle und Handlungen verändern, wodurch sich auch die Reaktionen unseres Umfeldes ändern.

5. AFFIRMATIONEN WIRKEN NICHT

Auch diese Behauptung möchte ich nicht grundsätzlich verneinen, denn sogar ich habe in der Vergangenheit einige Affirmationen angewandt, die nicht wie gewünscht gewirkt haben. Aber immer lag es daran, dass ich eine der wesentlichen Erfolgskriterien bei der Anwendung nicht beachtet habe oder vorzeitig damit aufhörte, mir meine Affirmation täglich vorzusagen. Damit dir genau das nicht passiert, kümmern wir uns im nächsten Kapitel um die wichtigen Erfolgskriterien beim Affirmieren.

Affirmationen sind allerdings keine Zaubersprüche. Jedes mentale Werkzeug hat seine Grenzen. Ich bin Mental- und Selbstliebetrainerin und werde dir daher nicht erzählen, dass du nur durch Affirmationen all deine emotionalen Wunden heilst und jedes deiner Ziele erreichst. Vielmehr sind Affirmationen ein sinnvolles Zusatzwerkzeug. Sie ersetzen aber weder gelebte Selbstliebe noch die Arbeit mit dem inneren Kind und noch weniger einen Arzt oder eine Therapeutin, wenn diese nötig sind. Dessen solltest du dir immer bewusst sein.

Inwieweit Affirmationen alleinstehend hilfreich sind, hängt ganz von deinem Thema und der Hartnäckigkeit der vorhandenen negativen Überzeugungen ab. Meine Erfahrung ist, dass es immer wieder Lebensbereiche gibt, in denen wir negative Glaubenssätze gar nicht erst auflösen müssen, sondern direkt mit Affirmationen arbeiten können. Beruflich zum Beispiel war das bei mir sehr gut möglich. Nach und nach verdrängten die positiven neuen Sätze meine ursprünglichen negativen Überzeugungen und ich kam meiner heutigen Berufung sehr rasch näher.

Es gab aber auch Bereiche, in denen mir Affirmationen lediglich ein zusätzliches Werkzeug waren, das mir half, dranzubleiben, und mir Kraft schenkte, wenn der Heilungsprozess wieder einmal holprig war. Zum Beispiel bei der Arbeit mit dem inneren Kind sowie bei der Verarbeitung von Ablehnung und Zurückweisung.

Zum Warmlaufen für den bevorstehenden Praxisteil biete ich dir hier noch eine kleine Übung an. Sie stammt vom Begründer der Affirmation Emil Coué, den ich dir in diesem Kapitel kurz vorgestellt habe. Es war seine erfolgreichste Übung überhaupt: Probier sie am besten gleich mal aus!

DIE ERFOLGREICHSTE AFFIRMATIONSÜBUNG

Sag dir nach dem Aufwachen morgens und vor dem Schlafengehen abends etwa 20 Mal halblaut den folgenden Satz: »Es geht mir mit jedem Tag in jeder Hinsicht immer besser und besser!« Tu dies idealerweise 14 bis 21 Tage lang. Und lass dich überraschen, was passiert.

AFFIRMATIONSREGELN: ACHT BAUSTEINE ZUR ERFÜLLUNG

Als ich vor zwei Jahren mit meinem Podcast »Honigperlen« begann, bestellte ich mir gleich zum Start ein hochwertiges Podcast-Mikrofon. Als es ankam, konnte ich es nicht erwarten, es auszuprobieren. Sofort schloss ich es per USB-Kabel am PC an und legte los. Es funktionierte, aber irgendwie war die Qualität des Tons nicht wirklich besser als bei einer üblichen Aufnahme ohne Mikro. Da ich mich nicht gern mit technischen Details auseinandersetze, nahm ich diese Tatsache einfach hin. Es dauerte fast 100 Podcast-Folgen, bis ich eines Tages bei einem Zoom-Interview von meinem Gesprächspartner den Hinweis bekam, dass ich auf der falschen Seite in das Mikrofon hineinspreche!

Nachdem ich ausgiebig über mich selbst gelacht hatte, probierte ich das Mikrofon auf der richtigen Seite aus. Zudem gab mir mein Interviewpartner noch Tipps für zwei konkrete Einstellungen. Wow, ich konnte es kaum fassen, plötzlich war die Tonaufnahme vergleichbar mit Radioqualität.

Gebrauchsanleitungen sind sinnvoll.
Auch für Affirmationen.

Was das nun mit deiner Arbeit mit Affirmationen zu tun hat? Bei der Anwendung von Affirmationen verhält es sich genauso. Tausende Menschen wenden sie täglich an, ohne sich der Regeln für ein erfolgreiches Ergebnis bewusst zu sein. Damit dir genau das nicht passiert, verrate ich dir in diesem Kapitel alle wesentlichen Erfolgsbausteine für die Nutzung von Kraftsätzen.

1. POSITIVE FORMULIERUNG

Denk jetzt bitte für einen Moment nicht an eine Melone, die blitzblaue Herzen spuckt. Was ist, während du diesen Satz gelesen hast, passiert? Vermutlich hat sich ein Bild in dir kreiert. Wir können nämlich wahnsinnig schwer nichtdenken – womit wir schon bei der allerwichtigsten Regel für den Einsatz von Affirmationen wären: Vermeide bei der Formulierung so gut wie möglich alle Verneinungen wie »nicht«, »kein«, »nein«, »nie« und auch die Nennung des Negativen, das du nicht mehr möchtest. Formuliere Affirmationen immer positiv.
☹ Ich will nicht mehr an die Vergangenheit denken.
☺ Ich lasse los, was gestern war, und öffne mich für die Freiheit im Hier und Jetzt.

☹ Ich möchte keinen Stress mehr haben.
☺ Ich bin frei und entspannt.

☹ Ich will nicht mehr übergewichtig sein.
☺ Ich fühle mich leicht und wohl in meinem Körper.

☹ Ich will nicht mehr an mir selbst zweifeln.
☺ Von Tag zu Tag glaube ich mehr an mich selbst und meine Stärken.

Dennoch sind Verneinungen und die Nennung dessen, was du loslassen möchtest, kein absolutes Tabu. Gerade dann, wenn wir etwas Negatives nicht ausblenden können, ist es sinnvoll, es direkt anzusprechen. Wesentlich ist dabei, dass es zu jeder Negativierung immer auch einen positiven Ausgleich innerhalb des Satzes gibt. Zum Beispiel: »Liebevoll nehme ich meine Angst an und in Liebe löst sie sich auf.« Oder: »Ich lasse den Schmerz hinter mir und öffne mich für neue Wege.«

2. IM HIER UND JETZT FORMULIEREN

Affirmationen sind sensible Pflänzchen, die in der Gegenwart am besten aufblühen. Das heißt, es ist besser zu sagen: »Ich bin erfolgreich und glücklich« als: »Ich werde erfolgreich und glücklich sein.« Genau genommen können wir nämlich nur in einem einzigen Moment etwas verändern und dieser Moment ist jetzt. Überleg mal, wann kannst du etwas tun? Gestern? Vorgestern? Eben!

In bestimmten Fällen ist es aber auch erlaubt und sogar sinnvoll, bei der Formulierung von Affirmationen die Zukunft zu wählen. Dazu ein Beispiel: Wenn du dir wünschst, in einer erfüllten Partnerschaft zu leben, dich aber gerade in deiner Singlewohnung befindest und dich ziemlich allein fühlst, kann es sein, dass die folgende Affirmation für dich zu stark ist: »Ich genieße meine Traumpartnerschaft aus tiefstem Herzen.« Bei vielen kommt hier ein innerer Widerstand auf. Verwende eine positive Affirmation erst, wenn die Heftigkeit des negativen Gefühls nachgelassen hat. »Das ist doch nicht wahr. Da ist kein Partner. Ich sitze mutterseelenallein hier!«, poltert sonst die innere Stimme. Eine Affirmation soll sich immer stimmig anfühlen, tut sie es nicht, so formuliere sie um. Um ihre Stärke abzumildern, gibt es zwei Möglichkeiten:

- Emotionale Vorbereitungsaffirmation: »Mein Traumpartner ist bereits auf dem Weg zu mir.«
- Zukunftsform: »Ich werde meine Traumpartnerschaft aus tiefstem Herzen genießen.«

Du siehst: Die Zukunftsform kann genutzt werden, um eine Affirmation abzuschwächen und für dich glaubwürdiger und stimmiger zu machen.

3. STIMMIGKEIT

Wie eben bereits angesprochen, ist es total wichtig, dass sich die Affirmation für dich stimmig anfühlt. Der Klang, die Worte und die Aussagen müssen dir sympathisch sein. Wenn dir die Affirmation überzogen oder völlig unrealistisch erscheint, ist sie nicht passend für dich. Hör bei der Auswahl daher immer auf dein Bauchgefühl.

Aber Vorsicht: Wenn du die Affirmation bereits ausgewählt hast und mit ihr arbeitest und erst dabei bemerkst, dass Zweifel entstehen, so ist das kein Grund, sie gleich wieder auszutauschen. Derartige Zweifel sind bis zu einem gewissen Grad völlig normal. Dein Gehirn erkennt die Affirmation als neuen Gedanken und erzeugt Widerstand, weil es leichter ist, die alten Gedanken weiterzudenken, als sich einer Neuprogrammierung auszusetzen. Womöglich mischt sich auch der innere Kritiker ein und sagt: »Was soll denn der Blödsinn – glaubst du echt, dass das Vorsagen dieses Satzes etwas verändert?«

Lass sowohl die Zweifel als auch den Kritiker links liegen und erkenne ihre Einwände als normale Abwehrreaktion des Gehirns, das sich erst noch an die neuen Gedanken gewöhnen muss. Wiederholungen und Affirmationsverstärker können in diesem Fall Abhilfe schaffen (siehe nächste Kapitel).

4. DIE KRAFT DER BILDER

Worte sind mächtig, aber das Mächtigste an ihnen ist ihre Fähigkeit, Bilder in unseren Köpfen entstehen zu lassen. Bilder sind nämlich die kraftvollsten Baugeräte, die wir für die Entwicklung neuer Straßen in unserem Gehirn nutzen können. Das Bild eines Apfels zum Beispiel kann unser Gehirn bis zu 60 000 Mal schneller erfassen als das gesprochene Wort. Dementsprechend gelangen Visualisierungen auch schneller als Worte in unser Unterbewusstsein. Zudem löst der Gedanke an ein Bild meist rasch Gefühle aus. Stell dir zum Beispiel für zehn Sekunden das Gesicht eines Menschen, den du liebst, vor. Sofort entsteht Emotion. Und sie bringt Energie in Bewegung.

Emotionen bringen uns in Schwung und in Bewegung.

Je mehr Energie in unserer Affirmation liegt, desto schneller können wir neurale Vernetzungen, also neue Autobahnen erbauen. Idealerweise schließt du also beim Aufsagen einer Affirmation für einen Moment deine Augen und lässt dem Kraftsatz entsprechend ein positives Bild in dir entstehen. Entweder geschieht dies intuitiv oder du nutzt zur Unterstützung die folgende Anleitung:

VISUELLE UNTERSTÜTZUNG

Sag dir deine Affirmation und stell dir vor, ihre Aussage wäre bereits Realität. Nun visualisiere dich selbst, so wie du sein wirst, wenn diese Affirmation real geworden ist.

- Wie wird deine Körperhaltung sein?
- Was wirst du ausstrahlen?
- Was wirst du sagen, denken, tun?
- Welche Veränderung im Außen ist außerdem ersichtlich?
- In welcher Umgebung befindest du dich?
- Bist du allein? Oder wer ist bei dir?

Kreiere mithilfe der Fragen ein Bild und ruf es anschließend immer dann, wenn du dir deine Affirmation vorsagst, ab. Weitere Verstärkungsübungen gibt es außerdem in den nächsten Kapiteln.

5. POSITIVE GEFÜHLE ENTSTEHEN LASSEN

Neulich habe ich eine Kursteilnehmerin beobachtet, wie sie sich höchst konzentriert zehn Mal hintereinander ihre Affirmation vorsagte. Ich hätte mich bei ihrer Sprechgeschwindigkeit zig Mal verplappert. Als ich sie fragte, was sie da mache, antwortete sie: »Ich möchte mir meine Affirmation 100 Mal pro Tag vorsagen, deshalb spreche ich so schnell.«

Wiederholung ist gut und wichtig, dazu kommen wir noch, aber viel wesentlicher als das vielfach gesprochene Wort ist es, ein Gefühl zur Affirmation zu entwickeln. Wie eben erklärt, können Bilder dabei sehr gut helfen.

Ein weiterer Trick zur Intensivierung des Gefühls ist es, sich selbst während des Aufsagens der Affirmation die rechte Hand auf das Herz zu legen. Laut diversen Evaluierungen löst diese Berührung ähnliche Emotionen wie eine Umarmung aus.

Ebenso kann es hilfreich sein, sich der Gefühle, die in Bezug auf die Affirmation entstehen, bewusst zu werden. Dazu fragst du dich einfach vorab: »Welches Gefühl wird in mir entstehen, wenn diese Affirmation zur Realität geworden ist?«

6. SCHRIFTLICH FESTHALTEN

Dinge, die wir aufschreiben, nehmen wir als realer, verpflichtender und nachhaltiger wahr. Erinnere dich daran, wann du das letzte Mal einen Vertrag unterschrieben hast. Während du deine Unterschrift auf das Papier gesetzt hast, warst du davon überzeugt, dass sowohl du als auch der Vertragspartner diesen Vertrag einhalten würdet. Jeder weiß: Was schwarz auf weiß festgehalten wird, hat Gehalt. Deshalb sollte man die wichtigsten Affirmationen, mit denen man vorhat, länger zu arbeiten, immer schriftlich festhalten. Vielleicht magst du dir dazu ein kleines Affirmationsbuch anlegen.

7. KONTINUITÄT

Gestern war ich nach vielen Wochen Pause wieder einmal auf meinem Crosstrainer. Und ich war wirklich schockiert darüber, wie schlecht es mir konditionell ging. Zudem habe ich heute einen mächtigen Muskelkater in meinen Oberschenkeln. Bei genauerer Überlegung aber ist das gar nicht verwunderlich. Meine Muskeln haben sich in den letzten Wochen zurückgebildet, sie wurden kleiner. Genauso wie die positiven Areale im Gehirn schnell schrumpfen, wenn wir nicht täglich an den richtigen Autobahnen bauen.

Jede Affirmation ist tatsächlich eine Straße, die erst mal gebaut werden muss. Anfangs fühlt sie sich noch schwer und wenig wahr an, in etwa so, als würde man selbst einen Trampelpfad in einer hohen Wiese entstehen lassen wollen. Je öfter man die Affirmation wiederholt, desto mehr wird dieser Weg zu einer richtigen Straße. Bleibt man mindestens 21 Tage lang dran, entsteht eine Art Autobahn. Daher lautet die Faustregel: Sag dir deine Affirmation mindestens 21 Tage hintereinander immer wieder auf. Meine persönliche Empfehlung geht noch darüber hinaus. Damit es danach nicht zu einem plötzlichen Muskelschwund kommt, wäre es besser, wenn du eine Mindestdauer von vier bis sechs Wochen wählst. Danach kannst du sicher sein, dass die Affirmation so tief verankert ist, dass es nur noch gelegentliches Training braucht. Beispielsweise die bewusste Wiederholung der Affirmation einmal pro Woche.

8. IN DER KÜRZE LIEGT DIE WÜRZE

Ich vergleiche unser Unterbewusstsein gern mit einem kleinen Hündchen. Es versteht keine schwierigen Sätze. Schachtelsätze kann es sich weder merken, noch kann es ihnen Folge leisten. Daher sollten Affirmationen kurz und in einfachen Worten formuliert werden. Das bedeutet nicht, dass jede Affirmation, mit der du arbeitest, nur aus drei Worten bestehen darf. Manchmal sind ein paar Worte mehr einfach kraftvoller. Wichtig bei der Auswahl der richtigen Affirmation jedoch ist: Der Kraftsatz sollte für dich melodisch, klar und angenehm klingen und leicht merkbar sein.

WANN, WIE OFT, WIE VIELE? DIE OPTIMALE PRAXIS

21 Tage dauert es mindestens, bis eine Affirmation in unserem Unterbewusstsein landet. Manchmal aber auch länger. Bei meiner Kursteilnehmerin Bianca war das der Fall. Sie erzählte mir, dass sie sich bereits seit drei Monaten die Affirmation: »Ich werde gesehen, geachtet und geliebt« vorsage, aber bis dato noch keine Veränderung bei ihrem Gefühl, ihrem Verhalten oder ihrem Umfeld aufgetreten sei. Gemeinsam gingen wir der Sache auf den Grund und stellten fest, dass Bianca sich ihre Affirmation zwar zwei bis drei Mal täglich ins Bewusstsein rief, aber dabei kaum ihr Unterbewusstsein erreichte.

Wieso das? Wir alle haben ein Bewusstsein. Dieses lässt uns im Alltag Dinge wahrnehmen, die zu Handlungen und Entscheidungen führen. Es ist in der Lage, sich auf Wesentliches zu konzentrieren und dabei Milliarden von Eindrücken, die täglich außerdem auf uns einprasseln, einfach auszublenden. Das ist gut so, denn wäre es anders, wären wir ständig überfordert und einem Burnout nahe.

Gleichzeitig existiert in uns aber auch noch das Unterbewusstsein. Dieses ist in der Lage, Tausende Informationen unbewusst aufzunehmen und zu speichern. Auch Dinge, die wir bewusst längst vergessen haben, wie beispielsweise Kleinkinderlebnisse, hat das Unterbewusstsein gespeichert. Daher ist es oft die Grundlage für intuitive Entscheidungen. Obwohl wir bewusst manchmal nicht wissen, warum wir diesen oder jenen Weg bevorzugen, fühlt es sich richtig an. Es liegt an Informationen, die im Unterbewusstsein gespeichert sind und uns über das Bauchgefühl ein deutliches Ja oder Nein mitteilen. Gehen wir mit diesem Wissen zurück zu Bianca, kommen wir auch schon zum ersten wichtigen Punkt bei der Affirmationspraxis.

IDEALE UHRZEIT

Bianca sagte sich ihre Affirmation immer dann vor, wenn das Bewusstsein auf Hochtouren lief, also beispielsweise in ihrer Mittagspause zwischen zig beruflichen Aufgaben, auf dem Weg in die Schule, wo sie ihre Kinder abholte, oder im Supermarkt, während sie in der Kassenschlange wartete. Prinzipiell ist das gut, denn auch das Bewusstsein, das im Alltag der Chef ist, was die Aufnahme von Informationen betrifft, will von unseren neuen Kraftsätzen erreicht werden.

Gleichzeitig aber ist das Bewusstsein im normalen Wachzustand extrem dominant. Wir sind hoch konzentriert, arbeiten rational To-do- und Einkaufslisten ab und befinden uns somit in der Lieblingsgehirnwellenphase des Bewusstseins – den sogenannten Betawellen. Das Unterbewusstsein hat während dieser Phasen nur wenig Platz, um aktiv zu werden. Daher erreichen wir es in angespannten oder fordernden Stunden nur schlecht. Erst wenn wir beginnen, unseren bewussten Geist langsam runterzufahren, beispielsweise während oder nach einer Entspannungsübung oder beim Meditieren, erwacht die Aufnahmefähigkeit unseres Unterbewusstseins zum Leben.

Seine Lieblingszeiten sind vor allem die Minuten direkt nach dem Aufwachen und kurz vor dem Einschlafen. Dann nämlich schwingen unsere Gehirnwellen mit einer Frequenz zwischen 8 und 14 Hertz – der Zustand der Grundentspan-

nung. Wer zu diesen Zeiten bewusste Gedanken wie Affirmationen formuliert, arbeitet daher extrem effizient. Diesen Zustand nennt man in der Fachsprache übrigens Alphazustand. Um erfolgreich mit Affirmationen zu arbeiten, nutze daher entweder die Zeit kurz vor dem Einschlafen oder/und kurz nach dem Erwachen.

Das schließt natürlich nicht aus, dass du auch tagsüber erfolgreich mit Affirmationen arbeiten kannst. Schließlich ist es unser Ziel, Bewusstsein und Unterbewusstsein auf denselben Wissensstand zu bringen und auf beiden Ebenen neue Überzeugungen aufzubauen. Bei Bianca blieb das Unterbewusstsein zunächst auf der Strecke, wodurch ihr Erfolg ausblieb. Nach einer Anpassung ihrer Affirmationszeiten stellten sich innerhalb von zwei Wochen bereits deutliche Veränderungen in ihrem Tun sowie in der Reaktion ihres Umfeldes ein.

HÄUFIGKEIT

Wie bereits einleitend beschrieben, ist es wichtig, die ausgewählte Affirmation stetig zu wiederholen. Prinzipiell bewirkt schon ein Gedanke täglich eine Veränderung in uns. Da wir aber meist möglichst bald den fokussierten Zustand oder unser Wunschziel erreichen wollen, sollten wir vor allem am Anfang mehr Zeit investieren.

Unser Tag hat 86400 Sekunden. Für den Gedanken an eine Affirmation benötigen wir 5 bis 15 Sekunden. Den absoluten Großteil der Zeit verbringen wir aber mit unbewusstem Denken. Das Fatale daran ist, dass die Mehrheit dieser »automatischen« Gedanken negativ ist. Dementsprechend kann sich unsere kurze, einmal ausgesprochene positive Affirmation nicht sofort gegen die Armee an unbewussten, negativen Gedanken durchsetzen. Deshalb empfiehlt es sich, gerade zu Beginn der Anwendung jede Affirmation über den Tag verteilt mehrmals auszusprechen. Neben frühmorgens und abends eignen sich auch Wartezeiten ideal, die Zeit während eines Spaziergangs, während des Zähneputzens oder eines Toilettenbesuchs. Auch wenn wir dabei selten im Alphazustand schwingen, fördern es die Zusatzeinheiten, dass sich die Affirmation auf der Bewusstseinsebene durchsetzen kann.

WIE VIELE?

Der anfängliche Ehrgeiz führt häufig dazu, dass man gern viele unterschiedliche Affirmationen gleichzeitig einsetzt. Nicht zuletzt aus der Motivation heraus, möglichst viele Wünsche und Ziele so schnell wie möglich zu erreichen. Leider ist genau das oftmals ein Fehler. Unsere Energie ist begrenzt. Verteilen wir sie auf mehrere Anliegen, zerstreut sich die Wirkung. Daher ist gerade anfangs weniger mehr. Idealerweise startest du mit ein bis drei unterschiedlichen Affirmationen zu einem Thema. Wenn du diese nach ein paar Tagen oder Wochen richtig gut intus hat, kannst du beginnen, an weiteren Wünschen oder Problemlösungen zu arbeiten. Wähle pro Thema wieder ein bis drei Affirmationen aus. Sobald du das Gefühl hast, eine Affirmation fühlt sich für dich stark oder schon sehr wahr an, kannst du auch variieren und sie gegen eine neue, vielleicht mittlerweile für dich kraftvollere Affirmation ersetzen.

AFFIRMATIONSTURBOS

Im Laufe unseres Lebens hören wir fast eine Million Autosuggestionen über uns. Das sind Sätze, die aussagen, wer wir sind und wer nicht, was wir können und was nicht, was wir wollen, sollen und was nicht, was wir brauchen, um glücklich zu sein, und was nicht. Es sind Urteile über uns selbst, die in Du-Sätzen an uns herangetragen werden und zu positiven, oft aber auch negativen Ich-Überzeugungen werden. Wir denken dann zum Beispiel: »Ich bin faul.« »Ich bin begabt.« »Ich bin liebenswert.« »Ich bin eine Null.« »Ich bin gern gesehen.« »Ich bin nirgendwo willkommen.« »Ich darf mich nicht in den Mittelpunkt drängen.« »Ich darf mich selbst an erste Stelle setzen.« »Ich schaffe alles, was ich will.«

Einen Großteil dieser Sätze hören wir bereits in der Kindheit. Sie prägen sich aufgrund unserer enormen Aufnahmefähigkeit im Kleinkindalter und weil wir auf das Urteil Erwachsener vertrauen, besonders stark ein. Jeder Satz dieser Art, egal in welchem Alter wir ihn hören, hat grundsätzlich das Potenzial, zu einem Glaubenssatz, also einer inneren Überzeugung zu werden. Das bedeutet, er dringt so tief in unser Unterbewusstsein vor, dass er von dort aus unser Leben – unser Denken, Fühlen, Sprechen, Handeln und das Umfeld – beeinflusst.

Fakt ist aber, dass es nicht jeder Satz, den wir zu hören bekommen oder uns selbst sagen, schafft, das Unterbewusstsein zu erreichen. Nur die stärksten Sätze dringen durch und werden zu inneren Überzeugungen. Das zu wissen, ist in Bezug auf die Arbeit mit Affirmationen sehr wichtig. Denn schließlich soll unser Kraftsatz einer dieser wenigen Sätze werden, welche die Tiefe unseres Unterbewusstseins erreichen und sich dort einnisten. An dieser Stelle kommen Affirmationsverstärker ins Spiel. Gemeint sind damit Techniken, die dich besonders gut dabei unterstützen, die Affirmationsbotschaft zu bestärken. In diesem Kapitel möchte ich dir einige davon vorstellen. Fühl dich aber bitte nicht bemüßigt, jede davon einzusetzen. Wähle besser ein bis zwei Verstärker bewusst aus, probier diese und wechsle sie von Zeit zu Zeit.

1. GRÜNDE FINDEN, WARUM DEINE AFFIRMATION WAHR IST

Unser Gehirn stellt den lieben langen Tag Fragen und wir antworten unbewusst darauf. Leider stellt es vermehrt Fragen, die uns dazu anregen, negative Antworten zu geben. Auch das geschieht aus unseren unterbewussten Überzeugungen heraus. So fragt es zum Beispiel: »Warum bin ich so dumm?« »Wieso mag mich niemand?« »Warum wurde ich nicht eingeladen?« Wir antworten darauf, manchmal bewusst, manchmal unbewusst. Durch die Antwort fühlt sich die Autobahn unserer negativen Überzeugungen wie »Ich bin nicht klug genug« erneut bestätigt und der Glaubenssatz wird noch stärker.

SIEBEN GRÜNDE

Fragen, die beantwortet werden, verstärken unseren Glauben an eine bestimmte Behauptung. Diesen Effekt können wir auch auf positive Weise und somit als Verstärker für unsere Affirmation nutzen. Geh hierfür wie folgt vor:

- Wähle eine Affirmation aus. Zum Beispiel: »Ich bin liebenswert.«

- Stell dir nun vor, du bist Anwalt und stehst vor einer Richterin, um sie vom Wahrheitsgehalt der Affirmation zu überzeugen.
- Versuch daher, mindestens sieben Gründe oder Beweise dafür zu finden, warum diese Affirmation wahr ist.
- Vielleicht sagst du, dass der Satz wahr ist, »... weil mein Kind mich liebt. Weil sich meine Freundin Klara immer wieder bei mir meldet und mir auch öfter sagt, wie gut ihr die Zeit mit mir tut. Weil ich von Grund auf ein guter und ehrlicher Mensch bin. Weil ich empathisch und hilfsbereit bin. Weil ich anderen immer so liebevolle Geburtstagsgeschenke mache ...«
- Notier dir deine Gründe schriftlich. Mindestens sieben, gern dürfen es auch mehr sein. Ergänze sie bei Bedarf von Zeit zu Zeit, wann immer dir noch mehr einfällt.

2. AFFIRMATIONEN IM RHYTHMUS

Wenn du dich gern bewegst, kann dich dieser Verstärker ideal begleiten. Dabei sagst du dir deine Affirmationen einfach während einer rhythmischen Aktivität vor. Das kann Laufen, Spazieren, Crosstrainer-Walken, Trampolinspringen, Hometrainer-Workout oder auch Hula-Hoopen sein. Wichtig ist lediglich, dass es sich um eine monotone Tätigkeit handelt, die deine Aufmerksamkeit nicht zu sehr beansprucht. Und Freude machen sollte sie dir natürlich auch.

Versuch einen passenden Rhythmus zu finden und sag dir deine Affirmationen laut oder flüsternd in diesem vor. Meist fühlt sie sich nach dem mehrmaligen Aussprechen durch den Rhythmus der Bewegung gleich noch stärker an. Bewegung erzeugt nämlich Energie und darin können deine Worte richtig schön schwingen.

3. AFFIRMATIONEN TÖNEN

Für viele Menschen ist Musik sehr heilsam. Kein Wunder, denn es ist längst bewiesen, dass Töne und Rhythmen Emotionen aller Art zum Leben erwecken. Das wird besonders intensiv, wenn wir diese Töne selbst erzeugen. Endorphin, Serotonin, Dopamin und Adrenalin können beim Singen freigesetzt werden und verbessern damit unseren Gefühlszustand. Wie du bereits weißt, sind Gefühle immer auch Affirmationsverstärker, weshalb du das Singen unbedingt einmal ausprobieren solltest. Auch wenn du bisher nicht musikalisch aktiv warst. Gib deiner Affirmation einfach Töne – sing sie! Entweder mit einer Melodie, die du bereits kennst, oder du erfindest sie frei.

4. AFFIRMATIONEN IN SIEBEN FARBEN

Die Wirkung von Farben war mir selbst lange Zeit nicht bekannt. Erst in der tristen Coronazeit, als ich zum Kontrast der Eintönigkeit stets Lust hatte, farbige Kleidung zu tragen, wurde mir bewusst, wie stark Farben auf unsere Gefühlswelt wirken. Sie lösen unmittelbar Emotionen aus. Sie können beruhigen, Freude entstehen lassen oder warnen. Genau wie Bilder wirken sie direkt auf unser Unterbewusstsein. Der Psychiater Carl Gustav Jung soll sogar gesagt haben, dass Farben die Muttersprache des Unterbewusstseins wären.

Studien in Schottland und Japan haben gezeigt, dass die Farbe Blau derart beruhigend wirkt, dass beim Einsatz von blauer Straßenbeleuchtung die Kriminalitäts- und Selbstmordrate deutlich gesenkt werden konnte. Kein Wunder, dass bei diesem Effekt auch immer öfter sogenannte Farb- und Lichttherapien zur Unterstützung der psychischen Gesundheit eingesetzt werden. Nicht zuletzt zur Verstärkung von Affirmationen können wir die Kraft der Farben ebenso nutzen.

WELCHE FARBE, WELCHE WIRKUNG?

Wichtig zu wissen ist, welche Farbe aus der breiten Palette in der Regel welche Wirkung auslöst. So kannst du die Effekte der Worte beim Nutzen deiner Affirmationen verstärken. Dazu ein kleiner Überblick:

- Warme Farben wie Rot, Pink und Orange rufen in der Regel Gefühle von Freude, Optimismus, Kraft und Energie hervor. Manchmal gelten sie auch als Warnzeichen.
- Kühle Farben wie Grün, Blau, Türkis, Violett und Lila wirken meist beruhigend und besänftigen das Gemüt.
- Fröhliche Farben sind warm, kräftig oder gar leuchtend – wie Gelb, Gold, Orange, Rosa, Pink und Rot.
- Pastellfarben wie Altrosa oder Zartlila fördern sowohl die innere Ruhe als auch die Vorfreude.
- Dunkle und gedeckte Farben wie Dunkelgrün, Schwarz, Dunkelbraun können Gefühle von Traurigkeit verstärken.

Wichtig ist daher, dass du größtenteils mit Farben aus dem oberen Teil der Aufzählung arbeitest. Hierzu empfehle ich dir das folgende Vorgehen.

FARBEN ZUR INTENSIVIERUNG DER AFFIRMATION

- Leg dir sieben Buntstifte deiner Wahl bereit und notier deine Affirmation dann sieben Mal mit jeweils einer anderen Farbe.
- Lies die notierten Affirmationen anschließend ganz langsam und spür das Gefühl, das die jeweilige Farbe im Zusammenhang mit den Worten in dir auslöst.
- Mach dazu am besten nach jeder Farbe eine kurze Pause.
- Zur Intensivierung schließ die Augen und stell dir die Farbe vor deinem inneren Auge vor.

5. AFFIRMATIONEN MALEN

Wo wir schon beim Thema Farben sind, machen wir gleich weiter mit einer anderen kreativen Technik. Hierfür kannst du eine Affirmation deiner Wahl auf der Mitte eines A3- oder A4-Blattes platzieren und sie dann mit selbst gezeichneten Symbolen und Bildern umrahmen. Du brauchst hierfür kein Zeichenprofi zu sein. Du kannst einfach mit kleinen Herzen, Blättern, Sternen oder Sternschnuppen, Bäumen, Smilies oder Ähnlichem arbeiten. Such im Internet zur Anregung gern mal unter dem Begriff »Scetchnotes«. Das sind süße kleine Zeichnungen, die jeder von uns kinderleicht hinbekommt. Idealerweise nutzt du für dein Affirmationsgemälde Buntstifte mit anregend und positiv wirkenden Farben.

Anschließend platzierst du dein Werk an einem Ort, wo du es täglich siehst. Zum Beispiel auf der Innenseite deiner Toilettentür, auf dem Kühlschrank, an der Innenseitentür deines Kleiderschrankes oder am Badezimmerspiegel. Unbewusst und bewusst nimmst du deine Affirmation so täglich mehrmals samt ihren Verstärkern Bild und Farbe wahr, wodurch sie sich schneller ins Unterbewusstsein einprägt.

6. AFFIRMATIONSREMINDER VERSTREUEN

Generell ist es eine gute Idee, die Affirmationen so in deinen Alltag einzubauen, dass du ihnen möglichst oft begegnest. Hier sind noch ein paar mehr Ideen, wo du sie deponieren kannst:

- Nutze sie als Hintergrundbild auf deinem Desktop am Laptop, Smartphone oder Tablet.
- Platzier sie an Türen, die du täglich mehrmals öffnest und schließt.
- Steck dir einen kleinen Zettel mit deiner aktuellen Lieblingsaffirmation in deine Geldbörse und zieh ihn immer dann heraus, um ihn zu lesen, wenn du irgendwo wartest, an der Kasse im Supermarkt vielleicht oder an der Bushaltestelle.
- Notier deine Affirmation auf einen Karton, den du anschließend in der Mitte faltest und als Schild auf dein Nachtkästchen stellst. So wirst du abends und morgens an sie erinnert.
- Notier dir die Affirmation jeden Tag in deinen Kalender. Sobald du diesen entweder physisch oder am PC oder Smartphone öffnest, springt sie dir so ins Auge.

7. LASS DIR DEINE AFFIRMATION BESTÄTIGEN

Anfangs entsteht beim Arbeiten mit einer Affirmation oft die Schwierigkeit, dass sie noch nicht glaubwürdig genug für uns ist. Doch je mehr wir an den Wahrheitsgehalt unseres Kraftsatzes glauben, desto eher manifestiert sich das Gesagte in unserem Leben. Um dieses Ziel zu erreichen, gibt es einen hervorragenden Beschleuniger. Und zwar die Bestätigung unserer Affirmation durch Dritte. Dazu benötigst du mindestens eine, idealerweise mehrere Vertrauenspersonen, die dieses Experiment mit dir starten.

Falls du dich niemandem anvertrauen möchtest, bekommst du gleich im Anschluss noch eine Übung, die ähnlich wirkt, die du aber allein machen kannst. Die tiefste Wirkung entsteht jedoch, wenn du live mit einer oder mehreren Personen übst. Auch die anderen können diese Übung dabei für sich und die Manifestierung ihrer Affirmationen und Wünsche nutzen.

AFFIRMATIONEN MITEINANDER BESTÄRKEN

Du startest damit, dass du deinen Vertrauten deine Wunschaffirmation sagst oder auf einem Zettel übergibst. Beispielsweise: »Ich bin eine erfolgreiche Unternehmerin.« Oder: »Ich bin schlau und selbstbewusst.«

Nun sieht dir die erste Vertrauensperson tief in die Augen und sagt: »Du bist eine erfolgreiche Unternehmerin.« Oder: »Du bist schlau und selbstbewusst.« Die anderen Personen tun es ihr gleich. Ihr wiederholt dieses Vorgehen fünf bis zehn Mal. In der Regel spürst du dabei sofort, dass sich dein Kraftsatz mit Energie auflädt und es dir leichter fällt, daran zu glauben. Du fühlst dich wahrscheinlich schon anders.

Diesen Prozess könnt ihr nun für jede Person aus der Gruppe wiederholen, um euch so gegenseitig in eurer Affirmation zu bestärken.

AFFIRMATIONEN ALLEIN BESTÄRKEN

Wenn du dich niemandem anvertrauen möchtest oder solche Übungen einfach lieber allein unternimmst, kannst du es wie folgt probieren: Schließ deine Augen und stell dir zwei Personen, die du magst, respektierst oder sogar bewunderst, vor deinem inneren Auge vor.

Diese beiden führen nun ein Gespräch. Sie sprechen darüber, dass deine Affirmation wahr geworden ist. In etwa so: »Ist dir schon aufgefallen, dass Michaela seit einiger Zeit viel selbstbewusster und offener ist?« Die andere Person sagt: »Ja, sie hat jetzt so eine tolle Ausstrahlung und ihre Körperhaltung ist ganz anders.« »Ja, wirklich toll, wie sie sich verändert hat. Es ist beeindruckend.« »Es ist nicht zu übersehen. Sie lebt ihre besten Qualitäten und Potenziale. Das finde ich bewundernswert.« Und so weiter.

Auch mit dieser Übung aktivierst du deine innere Überzeugungskraft zugunsten deiner Affirmation. Und so wird sie immer mehr zu deiner Realität.

8. THYMUSDRÜSE STIMULIEREN

Die Thymusdrüse ist ein kleines, aber sehr wichtiges Organ. Sie sorgt mit für unsere körperliche Immunabwehr. Aber auch unser seelisches und geistiges Wohl kann sie stärken. Man sagt, sie sei die Verbindung zwischen Körper und Seele. Bei verschiedenen Tests hat sich herausgestellt, dass das Stimulieren der Thymusdrüse dabei hilft, Anspannung abzubauen und Emotionen zu lösen, außerdem stellt es eine gute Portion neuer Energie bereit.

Verstärkte Worte wirken noch intensiver.

Für unsere Affirmationen ist das Stimulieren der Thymusdrüse vor allem deshalb interessant, weil wir dadurch in einen entspannten Zustand gelangen und die Körperberührung außerdem einen Ankereffekt setzt, zu dem wir gleich in einer Folgeübung noch kommen.

THYMUSDRÜSE AKTIVIEREN

- Finde deine Thymusdrüse. Sie liegt in der Mitte deines Brustbeins, also mittig zwischen Brust und Hals.
- Du kannst diesen Bereich nun mit der flachen Hand oder mit mehreren Fingern klopfen, massieren oder gedrückt halten. Ich persönlich bevorzuge beim Arbeiten mit Affirmationen das Klopfen, um zusätzlich noch einen Rhythmus entstehen zu lassen.
- Nun sag dir die Affirmation deiner Wahl vor und stimulier deine Thymusdrüse. Tu dies mindestens 30 bis 60 Sekunden lang und wiederhol es eine ganze Zeit lang einmal am Tag.

Ein guter Indikator dafür, dass deine Stimulierung wirkt, ist Gähnen, Seufzen, ein paar Tränen oder ein angenehmes Kribbeln in Bauch, Händen oder Beinen.

9. AFFORMATIONEN

Ein ähnlicher Verstärker sind sogenannte Afformationen. Dabei handelt es sich um aus Affirmationen abgewandelte Fragestellungen, die unser Gehirn automatisch dazu anregen, hilfreiche Antworten zu finden. Die Methode wurde von Noah St. John entwickelt. Meist wird sie unabhängig von Affirmationen angewandt. Ich aber finde gerade die damit verbundene Anwendung sehr hilfreich.

Wenn deine gewählte Affirmation »Ich bin gesund und vital« lautet, verbirgt sich dahinter der Wunsch nach Gesundheit. Du kannst die Intensität oder Glaubwürdigkeit deiner Affirmation für dein Unterbewusstsein erhöhen, indem du aus der Affirmation eine positive Frage formulierst. Zum Beispiel: »Warum habe ich es verdient, gesund zu sein?«

Sobald die Frage gestellt ist, reagiert dein Gehirn darauf und findet bestärkende Antworten. Diese dienen dir als Futter für dein Unterbewusstsein. Ganz nach dem Motto: »Aha, wenn es Gründe dafür gibt, dann wird ja tatsächlich etwas Wahres dran sein.«

Wenn du dir Afformationsfragen in Bezug auf deine Affirmation stellst, ist es hilfreich, dir die Antworten schriftlich zu notieren. Hier findest du noch ein paar Beispiele dazu.

Affirmation	Fragenbeispiele
Ich liebe mich selbst so, wie ich bin.	Warum ist es gut, dass ich lerne, mich selbst zu lieben? Weshalb liebe ich mich?
Mein Herzenswunsch geht in Erfüllung.	Warum wird mein Wunsch in Erfüllung gehen? Wieso verdiene ich es, dass mein Herzenswunsch wahr wird?
Ich bin wertvoll und wichtig.	Warum bin ich wertvoll? Für wen bin ich wertvoll? Warum wird es mir gelingen, meinen Selbstwert zu stärken?
Ich genieße meine erfüllte Partnerschaft.	Warum habe ich eine erfüllte Partnerschaft verdient? Warum bin ich eine zauberhafte Partnerin, ein zauberhafter Partner?
Schritt für Schritt erreiche ich mein Ziel.	Warum werde ich mein Ziel dieses Mal erreichen? Warum kann mich niemand aufhalten auf meinem Weg zum Ziel? Welche Fähigkeiten habe ich, um mein Ziel zu erreichen?
Ich lebe in Fülle und Wohlstand.	Warum verdiene ich es, im Wohlstand zu leben? Warum schaffe ich es, im Wohlstand zu leben?

10. AFFIRMATIONSANKER SETZEN

Mentale Anker gibt es in verschiedenen Formen. Sie helfen uns durch ein einziges Wort, eine bestimmte Melodie, ein Bild oder einen Körperpunkt, eine Armee an Gedanken und Gefühlen zu aktivieren. Als Beispiel: Wenn du ein Urlaubsfoto siehst, siehst du nicht nur dich selbst und deinen Partner sowie die Palmen im Hintergrund, sondern du aktivierst auch die Erinnerung an den schönen Bootsausflug, den ihr an diesem Tag gemacht habt, und das herrliche Abendessen am Strand, das ihr genossen habt, kurz nachdem das Foto entstand. Gleichzeitig schüttest du ähnliche Glücksgefühle aus, wie du sie damals hattest. Und das alles nur durch ein einziges Bild. Im Prinzip nutzen wir das sogenannte Ankersetzen also täglich vielfach. Ein Anker ist ein Auslöser für eine Abfolge bestimmter Gedanken und Gefühle.

Das Setzen eines Ankers ist eine hervorragende und zeitsparende Möglichkeit, deine Affirmationen zu verstärken.

Hierfür empfehle ich dir den sogenannten Körperanker. Dabei handelt es sich um ein Körperzeichen, das du dir selbst gibst. Das kann beispielsweise das Halten eines Ohrläppchens mit Mittel- und Zeigefinger sein, das Berühren deiner Oberschenkel mit beiden Handflächen, das Legen deiner rechten Hand auf dein Herz, das Verschränken der Finger oder eine andere dir angenehme Berührung.

Im ersten Schritt führst du den körperlichen Anker aus und hältst ihn. Währenddessen schließt du deine Augen, sagst dir deine Affirmation in Gedanken vor und lässt dazu kraftvolle

Bilder vor deinem inneren Auge entstehen. Idealerweise kreierst du sogar einen inneren Film darüber, wie du und dein Leben sein werden, wenn diese Affirmation real geworden ist. Während du diesen Film nun mindestens drei Minuten vor deinem inneren Auge abspielst, hältst du deinen Körperanker.

Wiederhol dieses Vorgehen nun für mindestens sieben Tage täglich. Nach der ersten Woche kannst du die Ankerverweildauer auf eine Minute kürzen. Nach etwa 21 Tagen benötigt diese Übung nur noch wenige Sekunden. Dein Gehirn verknüpft nach dem regelmäßigen Assoziationstraining automatisch deinen Körperanker mit deiner Affirmation und allen dazugehörigen inneren Bildern und deinem inneren Film. Du kannst deinen Anker jetzt überall und jederzeit setzen, um deine Affirmation zu wiederholen und dabei zu stärken.

11. DER STÜNDLICHE REMINDER

Wer rasch ans Ziel kommen möchte, kann diesen durchaus extremen Affirmationsturbo nutzen. Dazu wählst du wieder eine oder maximal drei Affirmationen aus. Das Ziel ist es nun, dass du in den ersten sieben Tagen zu jeder wachen Stunde mindestens einmal an die Affirmation denkst und sie dir laut oder in Gedanken vorsagst. Idealerweise stellst du dir hierfür deinen Handywecker und schreibst in den Titel der Erinnerung gleich deine Affirmation. Erfahrungsgemäß wirkt diese radikale Methode dementsprechend schnell.

GLEICH INS TUN KOMMEN!

Probier den einen oder anderen Verstärker am besten gleich aus. Hierzu kannst du, wenn du noch keine Affirmation parat hast, einfach eine der »Poweraffirmationen für jeden Tag«

deiner Wahl vom Ende des Buches nutzen. Sinn der Übung ist es, herauszufinden, welcher Affirmationsturbo für dich am stimmigsten ist und bei dir die stärkste Wirkung erzielt.

VORSCHLAG FÜR EINE AFFIRMATIONSROUTINE

Affirmationen sollten täglich genutzt werden. Ideal dafür ist eine Routine, die sich jeden Tag wiederholt. Das könnte so aussehen:

- Du wählst dir ein bis drei Affirmationen aus, die du dir morgens und abends laut oder in Gedanken vorsagst.
- Drei bis sieben Mal pro Woche nutzt du einen Affirmationsverstärker – je nachdem, wie aufwendig der ausgewählte Verstärker ist.
- Tu dies mindestens drei bis sechs Wochen lang.
- Wenn sich die Affirmation für dich anschließend bereits realisiert anfühlt, kannst du noch eine stärkere Formulierung wählen oder sie gegen eine neue austauschen.
- Setz deine Affirmationsroutine so lange fort, bis sich der stärkere oder der neue Satz ebenso wahr und gut anfühlt. Wechsle dabei von Zeit zu Zeit die Verstärker, damit es spannend bleibt und du alle Intensivierungsebenen ausschöpfst.

AFFIRMATIONSABENTEUER

Was hast du vor zwei Wochen am Mittwoch zu Mittag und was letzten Donnerstag zu Abend gegessen? Weißt du es noch? Vermutlich nicht. Aber wenn ich dich nun frage, was du letztes Jahr am Weihnachtsabend gegessen hast, fällt es dir wahrscheinlich ein. Es ist unmöglich, dass unser Gehirn jedes Detail speichert, wie beispielsweise alle Häuserfarben der Gasse, durch die du heute Mittag geschlendert bist. Die Speicherkapazität unseres Gehirns ist begrenzt, daher müssen weniger wichtige Informationen gelöscht werden. Aber woran liegt es, dass wir manche Ereignisse speichern und andere nicht?

Man geht davon aus, dass Erlebnisse dann besonders gut im Gedächtnis bleiben, wenn sie stark emotional behaftet waren. Beim Mittagessen letzte Woche war das vermutlich weniger der Fall – beim Weihnachtsfest letztes Jahr schon eher. Außerdem bleibt eine Erinnerung und die daraus entstandene Information dann eher abgespeichert, wenn sie durch Farben, Bilder, Berührungen oder Worte geprägt war. Kurzum: Immer dann, wenn besonders viele Sinne im Spiel waren.

Diese wesentlichen Erkenntnisse können wir nutzen, um Affirmationen schneller und tiefer einzuprägen. Daher habe ich dir für dieses Kapitel ein paar sogenannte Affirmationsabenteuer vorbereitet. Abenteuer haben den Vorteil, dass sie besonders sind, Gefühle entfachen, in Erinnerung bleiben. Sie sind somit ein ganz besonderer Turbo für das Festigen einer Affirmation im Unterbewusstsein.

SCHENK DEINER AFFIRMATION EIN ERLEBNIS

Den Effekt besonderer Erlebnisse kannst du ganz einfach für eine Affirmation nutzen, die dir besonders wichtig ist. So wird diese mit einem positiven Erlebnis verknüpft und das führt immer dann, wenn du sie dir vorsagst, zu einem erneuten Kraft- und Energieschub.

- Erstell eine Liste mit 30 bis 50 Dingen, die du noch nie gemacht hast und gut allein unternehmen kannst. Also eine Art Bucketlist. Achte dabei jedoch darauf, dass du auch Dinge notierst, die keine lange Vorbereitung benötigen: eine Wanderung mit dir allein, Achterbahn fahren, den Sonnenaufgang beobachten, ein Waldspaziergang, bei dem du mindestens zehn Bäume umarmst, Nacktbaden, einen Tag ohne Uhr leben, 24 Stunden das Smartphone auslassen, ein Acrylbild malen, im Sommerregen spazieren, ein Dinner in the dark genießen, töpfern und so weiter.
- Sobald du deine Liste erstellt hast, wähl eine Sache davon aus, die du deiner Affirmation widmen möchtest.
- Bevor du nun am festgelegten Tag mit deinem Abenteuer beginnst, ruf dir deine Affirmation in Erinnerung. Stell sie dir vor wie einen Gefährten, der dich bei diesem Abenteuer begleitet. In etwa so: »Komm, mein Kraftsatz, heute wollen wir gemeinsam etwas Unvergessliches erleben.«
- Nun genieß deine neue Erfahrung in vollen Zügen.Versuch mit allen Sinnen dabei zu sein. Wenn es sich ergibt, denk zwischendurch an deine Affirmation.
- Wenn du dein Abenteuer abgeschlossen hast, greif zu Tagebuch oder Notizbuch und schreib deine Erinnerungen nieder. Gib ihr einen Titel wie »Abenteuer für meine Affirmation …« und setz ihren Wortlaut ein.
- Lies deine Nacherzählung in den folgenden Tagen noch ein paar Mal, um die Einprägung zu festigen.

AFFIRMATIONSCOLLAGE

Wenn du mit mehreren Affirmationen arbeitest, kann dir dieses kleine kreative Abenteuer ein guter Turbo sein. Wähl dazu fünf bis zehn Affirmationen aus, die dir wichtig sind. Nun benötigst du ein paar alte Magazine und Zeitschriften, dazu ein Blatt A3-Papier und Klebstoff. Wähl aus den Magazinen für jede deiner Affirmationen ein bis drei Bilder und schneid diese aus. Kleb sie dann auf dem Papier zu einer Collage zusammen. Wichtig: Merk dir, welches Bild für welche Affirmation steht.

Platzier die Collage anschließend so, dass du sie täglich siehst, und nimm dir immer wieder die Zeit, die Bilder zu betrachten und die Affirmationen, die dafür stehen, laut oder in Gedanken auszusprechen.

Diese Bastelübung kannst du auch mit Kindern machen. Affirmationen, die besonders gut für Kinder geeignet sind, findest du im Lexikon in Buchteil zwei unter der Rubrik »Familie«.

AFFIRMATIONEN-JAGD

Dieses schöne Erlebnis kannst du dir wunderbar ganz allein in deinen eigenen vier Wänden bescheren. Dazu wählst du 10 bis 20 Affirmationen aus, beispielsweise die Poweraffirmationen für jeden Tag vom Ende des Buches. Notier dann jeweils eine Affirmation auf ein Post-it. Bevor du abends zu Bett gehst, verteilst du die Post-its in den Wohnräumen. Bitte gegebenenfalls Familie oder Mitbewohner, diese Zettel nicht wegzunehmen. Wenn du am nächsten Tag aufstehst und deinen alltäglichen Aufgaben nachkommst, wird es, obwohl du die Affirmationen selbst verteilt hast, immer wieder Überraschungsmomente geben. Du gehst dann beispielsweise ins Badezimmer, um dir die Zähne zu putzen, und entdeckst am Spiegel: »Ich bin es wert, geachtet und geliebt zu werden.« Du gehst weiter in die Küche, um dir einen Kaffee zu machen, und siehst am Küchenschrank: »Ich bin zur richtigen Zeit am richtigen Ort, weil ich darauf vertraue.« Du spazierst ins Schlafzimmer, öffnest den Kleiderschrank und liest: »Liebe erfüllt meinen Tag. Liebe erfüllt mein Leben. Liebe erfüllt mein Sein.«

Du kannst dir vermutlich schon beim Lesen vorstellen, wie dieses kleine Abenteuer deinen Tag und deine Energie positiv beeinflusst. Ausprobieren lohnt sich!

VERTRAUEN: SO TUN, ALS OB!

Diese Methode ist einer meiner absoluten Favoriten, obwohl sie zugegebenermaßen auf den ersten Blick etwas verrückt erscheint. Aber genau das macht das Ganze zu einem unvergesslichen Erlebnis. Ich erinnere mich noch genau daran, wann ich diese Übung zum ersten Mal ausprobiert habe. Es war etwa sechs Monate, bevor ich meinen heutigen Partner kennenlernte. Ich wünschte mir damals nach vielen Jahren Singledasein nichts sehnlicher, als endlich einen Partner an meiner Seite zu haben. Daher lautete meine Affirmation: »Ich lebe in einer erfüllten Partnerschaft.«

Um dieser Affirmation einen Turbo zu geben, ging ich in die Vorstellung, dass mein Zukünftiger schon bald vor meiner Tür stehen würde. Ich fragte mich: Was würde ich jetzt tun oder vorbereiten, wenn ich wüsste, dass mein Traumpartner in wenigen Tagen bei mir anklingeln würde? Dazu fielen mir folgende Dinge ein, die ich daraufhin auch gleich umsetzte:

- Ich räumte in meinem Kleiderschrank zwei Fächer frei, um Platz für meinen Zukünftigen zu machen. Schließlich nahm ich an, dass mein Partner in Bälde öfter bei mir übernachten würde und daher Platz für seine Kleidung brauchte.
- Ich kaufte mir einen neuen Pyjama, weil mein Lieblingsflanellstück schon sehr unansehnlich und nicht geeignet für einen romantischen Abend zu zweit zu Hause war.
- Ich überzog die zweite Bettseite, die ja sonst niemand nutzte, mit einer frischen Bettwäsche.
- Ich kaufte die Zutaten für ein perfektes Dinner für zwei ein.
- Und so weiter.

Obwohl ich anfangs skeptisch war und während des Experimentes öfter über mich selbst schmunzelte, entstand dadurch ein Gefühl von Zuversicht. Es stärkte mein Vertrauen und die Glaubwürdigkeit in die Affirmation, die wesentlich für deren Erfüllung ist.

TU SO, ALS OB

Wenn du schon länger nichts Verrücktes mehr getan hast, lege ich dir dieses Abenteuer als Routinebrecher sehr ans Herz. Um diese Methode zu nutzen, geh wie folgt vor:

- Leg einen Zeitraum für das Experiment fest: Beispielsweise kannst du drei Tage lang so tun, als ob deine Affirmation in den nächsten Wochen real werden würde.
- Stell dir folgende Frage: Was würde ich vorbereiten oder verändern, wenn ich wüsste, dass meine Affirmation in wenigen Tagen in Erfüllung geht?
- Leg dir eine Liste mit To-dos an und erledige sie im festgelegten Zeitraum.
- Hab anschließend etwas Geduld, bis sich deine äußere Welt deinem erneuerten inneren Glauben anpasst.

AFFIRMATIONS-MARMELADENGLAS

Dieses spielerische Abenteuer kann dich ideal dabei unterstützen, ein Affirmationsteam in dir aufzubauen. Dazu benötigst du zuerst einen Lead-Kraftsatz. Also eine Affirmation, die dir besonders wichtig ist. Dann brauchst du viele Mitarbeiter in Form von positiven Sätzen, die in dieselbe Aussagenrichtung gehen wie die Lead-Affirmation. Zum Beispiel:

- Lead: Ich bin liebenswert, so wie ich bin.
- Teammitglied 1: Ich bin für viele Menschen wichtig und wertvoll.
- Teammitglied 2: Ich öffne mich für all die Liebe, die ich verdiene.
- Teammitglied 3: Ich verbreite Liebe.
- Teammitglied 4: Ich bin es wert, geliebt und geachtet zu werden.
- Teammitglied 5: Ich liebe mich selbst so, wie ich bin.

- Teammitglied 6: Ich bin gut und richtig so, wie ich bin.
- Teammitglied 7: Ich erlaube mir, zu lieben und geliebt zu werden.

Erstell zu deiner Lead-Affirmation nun 20 weitere Teammitglieder, sodass du insgesamt 21 Affirmationen beisammenhast. Im Buchteil zwei findest du dazu jede Menge Kraftsätze nach Themen gegliedert, sodass du einige deinem Lead-Satz entsprechende auswählen kannst. Natürlich kannst du diese alternativ auch selbst kreieren. Nun verfahr damit wie folgt:

BEKRÄFTIGUNG AUS DEM GLAS

- Notier die Affirmationen auf insgesamt 21 kleinen Zetteln.
- Falte diese und gib sie in einen Behälter, beispielsweise ein Marmeladeglas. Stell es direkt neben dein Bett.
- Zieh nun in den kommenden 21 Tagen jeweils einen Zettel – entweder in der Früh, bevor du das Bett verlässt, oder abends kurz vor dem Einschlafen – und nutze sie.

Diese Übung ist deshalb besonders wertvoll, weil alle Affirmationen, obwohl sie unterschiedliche Worte enthalten, einen ähnlichen Glauben in dir manifestieren. Statt der perfekten Affirmation, die man manchmal gar nicht so leicht findet, nutzt du ein perfektes Team. Wenn ein Satz einmal nicht ganz so viel Energie und Gefühl in dir erweckt, gleicht es der nächste aus.

AFFIRMATIONSSPIEL FÜR KINDER

Dieses Spiel habe ich mir für meinen siebenjährigen Neffen überlegt. Obwohl er ein sehr begabtes Kind ist, fehlt es ihm leider hier und da an Selbstwertgefühl. Kindgerechte Affirmationen können dabei unterstützen, so ein Empfinden aufzubauen und zu stärken. Aber wie bringt man Kinder dazu, sich Affirmationen zu merken und sie sich selbst immer wieder aufzusagen? Ganz einfach mit der folgenden Anleitung:

KINDER MIT AFFIRMATIONEN STÄRKEN

- Such dir 7 bis 15 kindgerechte Affirmationen. Gern auch ganz individuelle wie beispielsweise: »Ich bin eine begabte Malerin.« »Ich bin ein toller Fußballspieler.« »Ich bin ein schlauer Fuchs.«
- Nun benötigt ihr genauso viele kleine Zettel, wie ihr Affirmationen ausgewählt habt. Diese können klein geschnitten werden, sodass sie so groß sind wie Memory-Karten – notfalls kann man aber auch einfach A4-Papier nehmen.
- Nun schreibst du auf jeden Zettel eine Affirmation. Also beispielsweise: »Ich bin schlau.« »Mama und Papa haben mich immer lieb.« »Ich kann alles schaffen, was ich möchte.«
- Das Kind kann sich nun mit deiner Hilfe zu jedem Satz ein Bild oder ein Symbol überlegen. Zu »Ich bin schlau« kommt vielleicht ein Stift oder eine Brille. Zu »Mama und Papa haben mich immer lieb« zwei Strichmännchen mit Herzen.
- Auf die Rückseite jedes Zettels kommt nun, passend zur Affirmation auf der Vorderseite, das Bild oder Symbol.
- Im Anschluss wird ein Spiel daraus gemacht. Du zeigst dem Kind die Rückseite – also das selbst gezeichnete Bild – und es errät die Affirmation dazu und sagt dabei dann laut: »Ich bin schlau.« Oder: »Ich kann alles schaffen, was ich möchte.«

Dieses Spiel ist auch für Erwachsene geeignet. Hier kommen die Verstärker Bilder und Farben besonders gut zum Einsatz.

Affirmations-lexikon

In diesem Buchteil findest du eine vielfältige Sammlung von Affirmationen, gegliedert nach Themen und Problemen, sodass du in jeder Lebenslage für dich, deine Klienten oder auch Freunde den passenden Kraftsatz an der Hand hast. Am Ende gibt es zwei Möglichkeiten, relevante Themen oder Affirmationen zu finden, wenn du dich nicht entscheiden kannst.

LEXIKON DER AFFIRMATIONEN

In diesem Buchteil findest du Affirmationen alphabetisch nach Themen sortiert. Wann immer du auf der Suche nach dem passenden Kraftsatz für dein Anliegen bist, schlag das Inhaltsverzeichnis auf und such nach dem passenden Überbegriff, um auf die entsprechende Buchseite zu gelangen. Zu jedem Thema findest du eine Sammlung von mindestens sieben Affirmationen. Achte bei der Auswahl deines Kraftsatzes immer auf dein Bauchgefühl.

Viel Erfolg und Freude.

Wenn du nicht sicher bist, um welches Thema es bei dir aktuell am ehesten geht, findest du am Ende des Buches zwei Möglichkeiten, momentan passende Affirmationen zu identifizieren.

Die passenden Themen und Worte finden

Nicht immer ist uns bewusst, welche Themen uns gerade wirklich belasten, weil wir vielleicht durcheinander sind oder zu stark herausgefordert. Oder du fühlst dich bereits großartig, möchtest aber noch weitergehen. Dann helfen dir die beiden folgenden Anregungen, immer die aktuell am besten passenden Affirmationen auszuwählen.

DAS LEBENSRAD ZUM AUFSPÜREN DEINER THEMEN

Wenn du dir nicht ganz sicher bist, bei welchem Thema oder Wunsch du anfangen möchtest, dann habe ich hier eine Übung aus dem Mentaltraining für dich, die dir die Richtung weisen kann: das Lebensrad. Es hilft dir, eine aktuelle Standortbestimmung in Bezug auf die Zufriedenheit in verschiedenen Lebensbereichen durchzuführen und so herauszufinden, welche Bereiche deine Aufmerksamkeit gerade am meisten brauchen, um wieder ins Rollen zu kommen. In wenigen Minuten findest du so heraus, wo du den Veränderungshebel Affirmation am besten ansetzen kannst.

Dazu findest du in der folgenden Grafik ein Rad, das in 16 Tortenstücke unterteilt ist. Jedes Tortenstück stellt ein wichtiges Segment in deinem Leben dar: Liebe, Familie, Job, Finanzen und so weiter. Deine Aufgabe ist es nun, deine Zufriedenheit in jedem dieser Bereiche zu bewerten. Das tust du, indem du zu einem Farb- oder Bleistift greifst und die Innenfelder des einzelnen Tortenstücks ausmalst. Jedes Stück ist noch mal in Felder unterteilt. Läuft es in einem Lebensbereich perfekt und könntest du nicht zufriedener sein, malst du alle zehn dieser Felder aus. Bist du in einem Bereich absolut unglücklich, so malst du keines der Innenfelder aus.

Wenn du alle Bewertungen durchgeführt hast, wirst du sehr deutlich erkennen, wo das Rad nicht ganz rund läuft, weil du in einem Lebensbereich nur ein oder drei Felder markiert hast, in anderen neun oder zehn. Die Bereiche, die die wenigsten ausgefüllten Felder haben, sind jene, die deine Aufmerksamkeit und Mentalarbeit gerade am meisten benötigen. Genau mit diesen Bereichen kannst du nun starten. Wähl die passende Rubrik im Lexikon – manchmal passen vielleicht auch mehrere – und dann die passenden Affirmationen dafür.

Falls dir in diesem Lebensrad einer oder mehrere Bereiche fehlen, so ersetz diese einfach gegen für dich weniger relevante Lebensbereiche, indem du sie überschreibst.

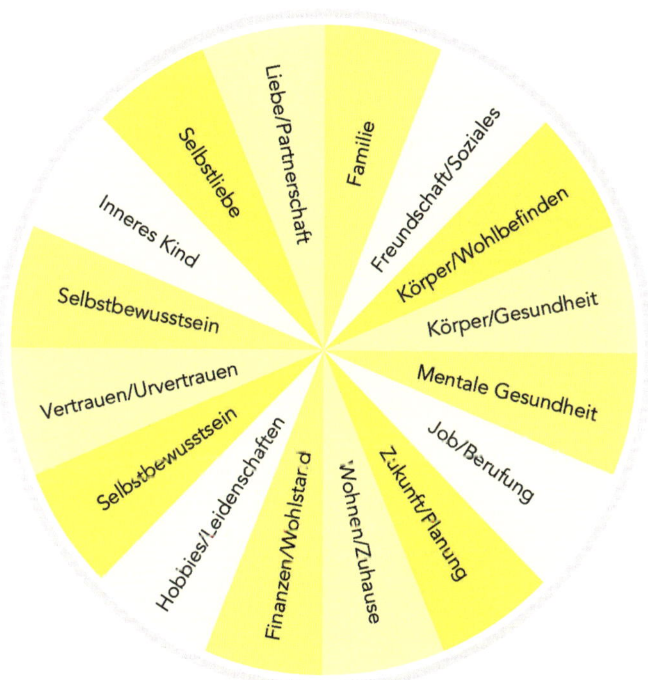

POWERAFFIRMATIONEN: WIE DIR DIE RICHTIGEN WORTE ZUFALLEN

Wenn du gerade nicht an einer bestimmten Affirmation arbeitest oder einfach Lust hast, die Kraft der Worte zusätzlich täglich für dich zu nutzen, dann mach Gebrauch von diesen 100 Poweraffirmationen. Per Zufall fliegt dir damit täglich genau jener Kraftsatz zu, den du am dringendsten brauchst. Wie das gelingt? Ganz einfach.

Die Poweraffirmationen sind so aufbereitet, dass du sie kopieren oder auch abschreiben kannst. Dann kannst du jede einzelne quadratisch ausschneiden, sodass du viele kleine Affirmationszettel in der Hand hast. Gib dann alle Zettel in eine Box oder ein Glas und zieh daraus täglich oder wann immer dir danach ist eine Affirmation. Du wirst erstaunt sein: Meist schnappst du dir genau den Satz, der dir in der aktuellen Situation am besten helfen kann. Zufall: Es fällt dir zu, was in deinem Leben gerade fällig ist.

...ser Tag ist ein ...schenk, das ... mit Liebe und ...ude annehme.	Wie ein Magnet ziehe ich liebevolle Menschen in mein Leben.	Ich komme jetzt in meine volle Kraft und gebe mich der Fülle des Lebens hin.	So, wie ich weiß, dass morgen die Sonne wieder aufgeht, so weiß ich auch, dass das Leben für mich sorgt.
...e Zellen ...ines Körpers ...d auf Liebe ...d Gesundheit ...gerichtet.	Jeden Tag fühle ich mich mehr und mehr mit meiner inneren Weisheit verbunden.	Heilung durchströmt meinen Körper und meinen Geist.	Egal was heute passiert, ich bin und bleibe ruhig und gelassen.
... öffne mich ... eine positive ...nde in ...inem Leben.	Alles, was ich brauche, kommt zum richtigen Zeitpunkt zu mir.	Alles geschieht zu meinem Besten.	So, wie ich weiß, dass morgen die Sonne wieder aufgeht, so weiß ich auch, dass alles gut wird.
... liebe mich ...bst so, wie ich ...ute bin und ...rgen sein ...rde.	Ich bin es wert, geachtet und geliebt zu werden.	Ich spüre die heilsame Ruhe, die mich von meiner Körpermitte aus überkommt.	Alles, was ich brauche, um glücklich zu sein, ist bereits auf dem Weg zu mir.

Ich bin umgeben von Frieden. Alles ist gut.

Ich bin zur richtigen Zeit am richtigen Ort, weil ich darauf vertraue.

Ich bin umgeben von Liebe.

Leichtigkeit ist mein täglicher Begleiter – mit Freude und Gelassenheit komme ich imr weiter.

Ich vertraue mir die Gestaltung meines Lebens an.

Alles, was ich tue, tue ich mit Begeisterung und Freude.

Liebe erfüllt meinen Tag. Liebe erfüllt mein Leben. Liebe erfüllt mein Sein.

Ich bin willkommen auf dieser Welt.

Ich gehe wunderbaren Zeiten voller Fülle und Leichtigkeit entgegen.

Ich erlaube mir, in Fülle zu leben. Es ist genug für alle da!

Alles, was ich brauche, fließt magnetisch in mein Leben.

Ich verbinde m mit Mutter Erd und komme je in meine volle weibliche/ männliche Kraf

Alles, was ich mir vor meinem inneren Auge vorstellen kann, hat die Kraft, real zu werden.

Mit jedem Tag spüre ich meinen eigenen Wert mehr und mehr.

Alles entwickelt sich zu meinem Besten.

Wie ein Magne ziehe ich jetzt positive Veränderungen in mein Leben.

ı lasse los, was stern war, und fne mich für e Freiheit im er und Jetzt.

Indem ich mich auf das Gute in meinem Leben fokussiere, vermehrt es sich.

Mein Unterbewusstsein öffnet sich jetzt für die Fülle des Lebens.

Ich bin und bleibe ganz bei mir.

ı entlasse gliche annung aus einem Körper d entscheide ch für Heilung.

Ich bin frei, ich selbst zu sein.

Ich betrachte mich und meine Mitmenschen mit liebevollen Augen.

Ich entscheide mich für Leichtigkeit, Liebe und Harmonie.

bin ein agnet für ebe, Erfolg d Freude.

Mein Unterbewusstsein öffnet sich jetzt für vollkommene Gelassenheit und Urvertrauen.

Ich lasse los und vertraue. Das Leben zeigt mir den Weg.

Heute gelingt es mir besonders gut, mein Leben in vollen Zügen zu genießen.

erlaube mir, eine Grenzen sprengen und ch neu zu inden.

Heute pflege ich von früh bis spät einen liebevollen Umgang mit mir selbst.

Indem ich mein Licht strahlen lasse, ermutige ich auch andere zu strahlen.

Heute spiegelt mir das Leben, dass ich ein Geschenk für diese Welt bin.

Ich bin sicher, beschützt und geborgen.

So wie ich meinem Atem vertraue, so vertraue ich auch dem Fluss des Lebens.

Ich lasse meine Erwartungen los und öffne mein Herz für neue Erfahrungen.

Ich sage Ja zu r und öffne mich für all meine Schönheit.

Ich lasse alle Zweifel los und spüre, wie meine Wunscherfüllung immer näher kommt.

Ich habe es verdient, das beste Leben zu führen, das ich mir vorstellen kann.

Ich erlaube mir, meine Talente zu entdecken und zu leben.

Ich bin stark, sicher und tief verwurzelt.

Ich bin ruhig, friedlich und ganz in meiner inneren Mitte.

Ich lasse los, was gestern war, und öffne mich für die Freude des Neuen.

Meine Gedanken sind pure Energie. Alles, woran ich glaube, kann ich auch erreichen.

Ich vertraue dem Leben und öffne mich jetzt für alles, w meinem Wohlbefinden dienlich ist.

Ich bin voller Ruhe, Kraft und Selbstvertrauen.

In allem, was mir heute begegnet, entdecke ich das Gute.

Ich umarme meine Unvollkommenheit und werde heil.

Ich bin eine Bereicherung f jeden Mensche der sein Leben mit mir teilt.

ebe ist meine gliche Beglei- rin. Ihre Sanft- ut und ihre erzlichkeit ingen mich mer weiter.

Ich lebe im Einklang mit meiner Intuition.

Ich verdiene es, glücklich, gesund und geliebt zu sein.

Mein Körper ist entspannt. Meine Gedanken sind entspannt. Ich bin entspannt.

ebevoll zeptiere ich es, was ist, d finde so ilsamen ieden in mir.

Ich liebe jede Zelle meines Körpers und erlaube mir, gesund und vital zu sein.

Ich bin mutig, ausdrucksstark und mir meiner selbst bewusst.

Achtsam erledige ich eine Sache nach der anderen und bleibe ganz entspannt.

ı öffne mich - die unend- he Fülle an öglichkeiten, e mir mein ben bietet.

Ich bin erfolg- reich, weil ich einzigartig bin.

Von Tag zu Tag wird mein Glaube an mich selbst immer stärker und stärker.

Ich habe eine unermüdliche, positive Kraft in mir.

mehr Liebe d Freude ich rteile, desto ehr Liebe und eude erhalte ı zurück.

Ich erkenne die Schönheit in mir und in allem, was mich umgibt.

Meine Intuition leitet mich auf all meinen Wegen.

Ich darf mich in meiner wunder- schönen Einzig- artigkeit zeigen.

Alle meine Entscheidungen führen mich auf den richtigen Weg.

Ich gebe mir selbst so viel Zeit und Raum, wie ich brauche.

Ich öffne mein Herz und begegne anderen und mir selbst mit Liebe und Achtsamkeit.

Jede Zelle meines Körpers ist glücklich.

Was auch immer geschieht, ich bin und bleibe ganz bei mir.

Ich nehme mir Zeit für mich und meine Bedürfnisse.

Ich lasse die Vergangenheit in Liebe hinter mir.

Das Leben unterstützt mic immer und überall.

Ich bin mutig und voller Vertrauen.

Meine innere Heilung schreitet von Tag zu Tag voran.

Ich bin Liebe. Ich gebe Liebe. Und ich werde geliebt.

Durch die Kraft meines Willens kann ich jedes Ziel erreichen.

Ich bin dankbar für alles, was ich bin und habe.

Ich erschaffe meine Gefühle und ich wähle Liebe.

Ich schenke der Welt mein Licht.

Wenn ich strahl strahlt auch alle um mich herum

Ängste

Mutig bist du nicht, wenn du keine Angst hast. Mutig bist du, wenn du deine Angst liebevoll in den Arm nimmst, bis sie bereit ist, dich loszulassen.
Ängste sind das Natürlichste auf der Welt. Jeder hat sie! Manchmal jedoch nehmen sie überhand und werden zu lebensbeschränkenden Begleitern. Gib deinen Ängsten den Raum, den sie brauchen, nutze aber auch die Türen, mit denen du sie entlassen kannst.

ÄNGSTE ANNEHMEN & LOSLASSEN

- Ich empfange meine Angst wie einen Gast – lasse sie kommen und auch wieder gehen.
- Überall dort, wo meine Angst ist, schicke ich Liebe hin.
- Ich gebe meinen Kampf gegen meine Angst auf und schließe Frieden mit ihr.
- Ich gebe meiner Angst den Raum, den sie braucht, bevor sie sich verabschiedet.
- Liebevoll nehme ich meine Angst an – und in Liebe löst sie sich auf.
- Ich liebe und akzeptiere mich trotz meiner Ängste.
- Liebe Angst: Ich liebe dich. Ich akzeptiere dich. Was willst du mich lehren?
- Ich habe die Kraft und den Mut, die Angst kommen und auch wieder gehen zu lassen.
- So wie ich meinen Atem annehme und wieder loslasse, so lasse ich auch meine Angst mit jedem Atemzug ein Stück weit mehr los.
- Meine Angst ist nur ein Gefühl, pure Energie, die ich fühlen und wandeln kann.

Affirmationen sind kein Ersatz für einen Arztbesuch bei psychischen Erkrankungen wie beispielsweise Angststörungen.

ÄNGSTE MIT INNERER SICHERHEIT AUFLÖSEN

siehe auch: Gelassenheit & Urvertrauen

- Ich bin stark, sicher und tief verwurzelt.
- Ich finde Sicherheit und Geborgenheit in mir selbst.
- Ich bin umgeben von Frieden – alles ist gut.
- Ich entscheide mich für friedvolle Gedanken.
- Jeden Tag spüre ich, wie ich gelassener und stärker werde.
- Ich bin eine Oase des Friedens, der Liebe und der Ruhe.
- Ich bin ganz in meiner Mitte – sicher und stabil.
- Ich aktiviere jetzt meinen inneren Ruhepol.
- In jedem Moment bin ich sicher, souverän und gelassen.
- Ich bin wie ein Fels in der Brandung.
- Ich bin ruhig und zuversichtlich.
- Ich vertraue meiner Kraft und überwinde meine Grenzen.
- Ich bin sicher und geborgen.
- Von Tag zu Tag fühle ich mich sicherer und stärker.
- Ich verströme eine positive Energie voller Ruhe und Gelassenheit.
- Ich bin beschützt.

SOZIALE ÄNGSTE LÖSEN

- Ich bin in jeder Situation souverän, gelassen und sicher.
- Ich ziehe Menschen an, die mich genauso, wie ich bin, als richtig und wertvoll empfinden.
- Ich strahle innere Ruhe und Selbstvertrauen aus.
- Von Tag zu Tag fällt es mir leichter, auf andere Menschen zuzugehen.
- Ich gewinne von Tag zu Tag mehr Selbstsicherheit.
- Ich vertraue meiner inneren Kraft, die mich in jedem Moment leitet und beschützt.
- Ich öffne mich für neue Menschen und empfange Liebe und Wohlwollen.
- Ich bin jeder Herausforderung gewachsen.
- Ich bin umgeben von Menschen, die mir liebevoll und verständnisvoll begegnen.
- Ich finde in jedem Moment die Sicherheit in mir selbst.

ANGST VOR KRANKHEITEN AUFLÖSEN

- Gesundheit ist der natürliche Zustand meines Körpers.
- Mein Körper ist stark, gesund und heil.
- Ich entlasse alle Gedanken an Krankheit und heiße Vertrauen in meinen Körper willkommen.
- Mein Körper ist ein Wunderwerk der Selbstheilung.
- Selbstheilung ist ein natürlicher Mechanismus, dem ich vertraue.
- Ich vertraue jeder Zelle meines Körpers.
- Mir geht es von Tag zu Tag in jeglicher Hinsicht immer besser und besser.
- Gesundheit durchfließt meinen Körper wie ein immerwährender Strom.
- Mein Immunsystem ist stark und zuverlässig.
- Ich glaube an die Urkraft meines Körpers.
- Ich fühle mich stark und vital.
- Ich entscheide mich für Gesundheit.
- Mein Körper sorgt für mich – Tag und Nacht.
- Dank meines starken Immunsystems gehe ich vollkommen beschützt durch den Tag.
- Gesundheit gehört zu mir.

VERLUSTANGST MEISTERN

- Egal was passiert, ich werde mich immer lieben.
- Ich bin eine Bereicherung.
- Ich bin willkommen und werde angenommen.
- Ich begegne meiner Angst mit bedingungsloser Selbstliebe.
- Ich bin es wert, geliebt zu werden.
- Ich bin stark genug, um mein Leben selbst in die Hand zu nehmen.
- Ich verdiene Aufmerksamkeit, Halt und Liebe.
- Ich bin ein wertvolles Geschenk für meine Mitmenschen.
- Ich fühle mich geborgen in mir selbst.
- Ich werde gesehen, geachtet und geliebt.
- Ich bin mir meiner selbst sicher.
- Ich werde in jedem Moment geliebt.
- Ich schenke mir selbst den Halt und die Liebe, die ich brauche.

ZUKUNFTSANGST LOSLASSEN

siehe auch: Gelassenheit & Urvertrauen

- Alles geschieht zu meinem Besten.
- Das Leben liebt mich – darauf vertraue ich.
- Ich öffne mich jetzt für eine Zukunft voller Liebe und Freude.
- Ich bin immer zur richtigen Zeit am richtigen Ort.
- Das Leben unterstützt und leitet mich auf all meinen Wegen.
- Alles ist gut und noch Besseres erwartet mich.
- Ich bin ein Magnet für alles Gute im Leben.
- Voller Kraft und Sicherheit gehe ich meinen Weg.
- Alles, was ich brauche, kommt genau zum richtigen Zeitpunkt.
- Voller Vertrauen und Freude blicke ich in die Zukunft.
- So, wie ich weiß, dass morgen die Sonne wieder aufgeht, so weiß ich auch, dass es das Leben gut mit mir meint.
- Ich habe alle Fähigkeiten, die ich brauche, um meine Zukunft mit Leichtigkeit zu meistern.

Beruf und Erfolg

Rund ein Drittel unserer Lebenszeit verbringen wir mit Arbeit. Es ist wertvolle Zeit und sie ist viel zu schade dafür, sie einfach nur abzusitzen. Erlaub dir, berufliche Erfüllung in dein Leben einzuladen.

DEN RICHTIGEN JOB FINDEN

- Von Tag zu Tag wird mir klarer, welche Aufgabe wirklich zu mir passt.
- Mein Traumjob ist bereits auf dem Weg zu mir.
- Das perfekte Jobangebot fließt mühelos zu mir.
- Ich habe die Fähigkeiten, den Mut und die Kraft, meinen Traumberuf zu leben.
- Ich manifestiere jetzt den richtigen Job für mich.
- Ich bin bereit, meinen Traumjob jetzt zu empfangen.
- Ich vertraue darauf, dass sich der richtige Job für mich im richtigen Augenblick zeigt.
- Mein neuer Job erfüllt mich mit Freude, Sinn und Begeisterung.
- In meinem neuen Job blühe ich von Tag zu Tag mehr auf.
- Meine tägliche Arbeit schenkt mir Erfüllung und Selbstvertrauen.
- Mein neuer Job tut mir richtig gut.
- Ich liebe meinen neuen Job.

BERUFUNG FINDEN

- Ich vertraue auf meine innere Führung, die mir den Weg zu meiner Berufung zeigt.
- Ich wurde geboren, um meine Kräfte und Gaben zu entfalten.
- Ich erlaube mir, loszulassen und endlich zu tun, wofür ich wirklich hier bin.
- Mit jedem neuen Tag wird mir klarer, welcher Aufgabe ich wirklich nachgehen möchte.
- Ich aktiviere jetzt meine verborgenen Ressourcen, um meine wahre Berufung zum Ausdruck zu bringen.
- Ich öffne mich voller Vertrauen für meine berufliche Erfüllung.
- Mein Unterbewusstsein kennt all meine Potenziale und Wünsche und zeigt mir den Weg.
- Ich entdecke meine Fähigkeiten und Talente.
- Ich kann alles sein, was ich mir vorstelle.
- Ich erinnere mich jetzt an meine wahre Berufung.
- Ich bin reich an Gaben und Fähigkeiten und erkenne diese von Tag zu Tag immer mehr und mehr.
- Die Antwort auf die Frage nach meiner Berufung ist bereits unterwegs zu mir.
- Tief in meiner Seele finde ich meine wahre Bestimmung.
- Ich erlaube mir, in meinem Leben das zu tun, was mich erfüllt.

- Meine Berufung darf sich jetzt zeigen.
- Von Tag zu Tag komme ich meiner Berufung immer näher.
- Ich glaube an mich und meine Talente und bin gewiss, dass sich dadurch meine Berufung zeigt.
- Ich vertraue auf meine innere Weisheit, die mich zu meiner Berufung führt.

ERFOLG IM BERUF

- Ich trage alle Fähigkeiten in mir, die ich brauche, um erfolgreich zu sein.
- Erfolg ist mein natürlicher Zustand – und dieser Zustand stellt sich jetzt wieder ein.
- Ich werde gesehen, geachtet und geschätzt.
- Meine Kolleginnen/Kunden erkennen und schätzen meine Stärken und Talente.
- Erfolg ist mein täglicher Begleiter – Schritt für Schritt komme ich immer weiter.

- Mein Chef, meine Vorgesetzte nimmt meine Stärken von Tag zu Tag mehr wahr.
- Erfolgreich zu sein, ist meine Natur.
- Ich bin erfolgreich, sympathisch und charismatisch.
- Ich bereichere das Leben von allen Menschen, mit denen ich zusammenarbeite.
- Ich strahle Selbstbewusstsein, Charisma und Erfolg aus.
- Was immer ich mir für meinen Beruf vorstellen kann, das kann ich auch erreichen.
- Ich erreiche alles, was ich mir vornehme.
- Meine Arbeit bereichert und erfüllt mich.
- Ich glaube fest an meinen beruflichen Erfolg.
- Ich komme meinen beruflichen Zielen von Tag zu Tag immer näher.
- Erfolg ist ein fester Bestandteil meines Lebens.
- Ich weiß, was ich kann, und bringe es zum Ausdruck.
- Ich bin intelligent. Ich bin kompetent. Und ich bin erfolgreich.

ERFOLGREICHES BUSINESS

- Meine Power und meine Leistung sind ein Geschenk für diese Welt.
- Ich ziehe die richtigen Kunden magnetisch an.
- Ich glaube an mich, mein Business und meine Produkte.
- Meine Angebote sind ein Geschenk für diese Welt und ich fühle mich wohl dabei, sie mit anderen zu teilen.
- Von Tag zu Tag erreiche ich mehr Menschen mit meinen Produkten.
- Ich bin eine erfolgreiche Unternehmerin. Ich bin ein erfolgreicher Unternehmer.
- Meine Arbeit bewirkt einen Unterschied in dieser Welt.

Ich bin gut in dem,
was ich tue.

- Erfolg ist mein täglicher Begleiter – Schritt für Schritt bringe ich mein Unternehmen immer weiter.
- Meine Produkte begeistern und bereichern die Menschen.
- Ich öffne mich für außergewöhnlichen Erfolg.
- Ich öffne mich jetzt für den größten Erfolg meines Unternehmens.
- Ich bin glücklich und wohlhabend dank meines Unternehmens.

- Erfolgreiche Unternehmerin, erfolgreicher Unternehmer zu sein, ist meine Natur.
- Was immer ich mir für mein Business vorstellen kann, das kann ich auch erreichen.
- Die Freude, die ich für meine Arbeit empfinde, ermöglicht es mir, echten Mehrwert für meine Klienten zu erzielen.
- Wohlstand und Erfolg sind das Resultat meiner Selbstständigkeit.

(WIEDER) FREUDE IM BERUF

- Das Feuer der Begeisterung für meine Arbeit darf neu entfacht werden.
- Ich fokussiere mich in meinem Beruf auf all das, was mir Freude macht.
- Ich tue all meine Arbeit mit Liebe und stifte dadurch Liebe.
- Von Tag zu Tag fällt es mir leichter, die Freude in meinem Beruf wiederzuentdecken.
- Ich starte meinen Arbeitstag mit einem Lächeln.
- Ich bin konzentriert, engagiert und erfolgreich.
- Ich entscheide mich dafür, meinen Beruf zu lieben.
- All die Energie, die ich in meine Arbeit stecke, fließt zu mir zurück.
- Ich bin selbstbewusst, erfolgreich und glücklich in meinem Job.
- Ich bin umgeben von Menschen, die meine Arbeit mehr und mehr schätzen lernen.
- Ich erkenne das Gute und den Sinn in meiner Arbeit.
- Ich liebe meinen Job von Tag zu Tag immer mehr und mehr.

AUSBILDUNG/ WEITERBILDUNG ERFOLGREICH ABSCHLIESSEN

- Alles, was ich beginne, vollende ich.
- Ich bin klug, aufnahmefähig und tief konzentriert.
- Ich bin intelligent, selbstbewusst und diszipliniert.
- Alles, was ich lerne, prägt sich tief in mein Gedächtnis ein.
- Ich habe alles, was ich brauche, um diese Weiterbildung erfolgreich abzuschließen.
- Es fällt mir leicht, Neues schnell zu erlernen.
- Ich bin gut genug, um alles zu schaffen, was ich mir vornehme.
- Ich vertraue auf mein Wissen und meistere die Prüfung mit Leichtigkeit.
- Ich kann mein Wissen zu jedem Zeitpunkt abrufen und einsetzen.
- Gelassenheit und Selbstvertrauen begleiten mich bei meiner Prüfung.
- Ich nehme mein Diplom/Zertifikat voller Stolz und Freude entgegen.
- Ich bin stolz auf mich und meine Leistung.

WORK-LIFE-BALANCE

- Ich bin ausgeglichen, zufrieden und entspannt.
- Ruhe und Gelassenheit ebnen meinen Weg zur täglichen Leichtigkeit.
- Mit jedem Atemzug entspanne ich mich mehr und mehr und lasse den Arbeitstag hinter mir.
- Sowohl privat als auch beruflich kann ich mit jedem Tag besser loslassen.
- Sowohl privat als auch beruflich gelingt es mir immer besser, meine Energie zu schonen.
- Es fällt mir leicht, klare Grenzen zwischen Beruflichem und Privatem zu ziehen.

Ich beschließe meinen Arbeitstag und bin jetzt ganz bei mir.

- Ich lebe in einer harmonischen Ausgeglichenheit zwischen Berufs- und Privatleben.
- Ich bin im Einklang mit meinem Berufs- und Privatleben.
- Ich meistere meinen Alltag mit Liebe und Gelassenheit.
- Beruflich wie privat komme ich meinen Zielen jeden Tag näher und näher.
- Ich bin ausgeglichen und erfüllt auf ganzer Lebenslinie.
- Ich bin erfüllt von dem, was ich täglich schaffe und mache.

Beziehung zu dir selbst

Selbstliebe ist, wenn du morgens aufwachst, sich ein Lächeln auf deinen Lippen bildet und du dir selbst sagst: »Danke, mein Schatz, dass ich mit dir mein Leben verbringen darf.«
Die Beziehung zu dir selbst ist die wichtigste in deinem Leben. Sie begleitet dich vom ersten bis zum letzten Tag und entscheidet maßgeblich über dein Lebensglück und deinen Lebenserfolg. Pflege und stärke sie!

SELBSTFÜRSORGE LEBEN

- Ich bin mir selbst eine liebevolle Freundin, ein liebevoller Freund.
- Nur wenn ich gut für mich selbst sorge, habe ich genug Energie, um auch für andere da zu sein.
- Ich entscheide mich für Gedanken und Handlungen, die meinem höchsten Wohl dienen.
- Ich verdiene Liebe und Mitgefühl.
- Alle Entscheidungen, die ich treffe, sind gesund und gut für mich.
- Ich nehme mir Zeit für meine Bedürfnisse.
- Ich spreche positiv und freundlich mit mir selbst.
- Ich nehme mir den Raum und die Zeit, die ich brauche.
- Je besser es mir geht, desto mehr kann ich geben.
- Ich bin die Wächterin über meine Bedürfnisse und Werte.
- Von Tag zu Tag gelingt es mir besser, gut für mich zu sorgen.
- Ich verdiene all die guten Dinge in meinem Leben.
- Als Ausdruck meiner Selbstliebe sorge ich liebevoll für mich.
- Meine Selbstgespräche werden von Tag zu Tag liebevoller.
- Ich bin geduldig, liebevoll und freundlich mit mir selbst.
- Ich erlaube mir, mich selbst zu verwöhnen.

SELBSTLIEBE & SELBSTAKZEPTANZ

- Ich liebe mich selbst so, wie heute bin und morgen sein werde.
- Von Tag zu Tag fällt es mir leichter, mich so anzunehmen, wie ich bin.
- Ich bin bereit, mich für die unendliche Quelle meiner Selbstliebe zu öffnen.
- Mein Herz trägt Liebe in jede Zelle meines Körpers.
- Ich betrachte mich selbst mit liebevollen Augen.
- Ich bin im Frieden mit mir.
- Ich darf mich selbst lieben, auch wenn ich noch »in Arbeit« bin.
- So, wie ich bin, bin ich richtig und liebenswert.

- Ich bin der wichtigste Mensch in meinem Leben.
- Ich entscheide mich täglich für mein höchstes Wohl.
- Ich liebe mich mit all meinen Fehlern, Stärken und Macken.
- Liebe ist mein Geburtsrecht.
- Ich bin mir selbst mein bester Freund, meine beste Freundin.
- Ich liebe mich, ich liebe dich – ohne Liebe geht es nicht.
- Ich liebe meine Einzigartigkeit.
- Von Tag zu Tag mag ich mich immer mehr und mehr.
- Ich schließe Frieden mit jeder Facette meines Seins.
- Ich verdiene es, geliebt zu werden.
- Egal was passiert, ich werde mich immer lieben.
- Von Tag zu Tag gelingt es mir besser, mir die Liebe, die ich brauche, selbst zu schenken.

*Ich bin dankbar
für mich selbst.*

SELBSTBEWUSSTSEIN STÄRKEN

- Mit jedem Tag wachse ich mehr über mich selbst hinaus.
- Alles, woran ich wirklich glaube, wird mir auch gelingen.
- Ich bin eine selbstbewusste und liebenswerte Persönlichkeit.
- Mein Glaube an mich selbst wird von Tag zu Tag immer stärker und stärker.
- Ich löse alle Bremsen und erwecke mein höchstes Potenzial.

So wie ich an den Sonnenaufgang glaube,
so glaube ich auch an mich selbst.

- Ich bin in jedem Augenblick der Schöpfer, die Schöpferin meines Lebens.
- Selbstvertrauen ist mein natürlicher Zustand, der sich jetzt wiedereinstellt.
- Ich bin reich an Fähigkeiten und Talenten.
- Ich vertraue mir die Gestaltung meines Lebens an.
- Von Tag zu Tag werde ich mir meiner selbst immer sicherer und sicherer.
- Ich bin voller Selbstbewusstsein, Mut und Intelligenz.
- Ich bin eine einzigartige und große Persönlichkeit.

- Ich liebe es, mein höchstes Potenzial zu leben.
- Alles, was ich brauche, um erfolgreich zu sein, ist in mir.
- Ich bin selbstsicher und ruhe in mir selbst.
- Ich strahle Ruhe, Kraft und Selbstvertrauen aus.
- Meine Einzigartigkeit ist meine Superkraft.
- Ich bin selbstsicher, mutig und mir meiner selbst bewusst.
- Ich habe den Mut und die Kraft, alles zu erreichen, was ich mir vornehme.
- Mit jedem neuen Tag wächst mein Selbstvertrauen.
- Ich bin unabhängig, erfolgreich und selbstbewusst.

SELBSTWERTGEFÜHL AUFBAUEN

- Es ist ein Geschenk, dass es mich gibt.
- Ich bin es wert, gesehen, geachtet und geliebt zu werden.
- Diese Welt liebt und braucht mich.
- Ich bin eine Bereicherung für meine Mitmenschen.
- Ich bin es wert, glücklich zu sein.
- Danke, dass es mich gibt.
- Ich war schon immer und werde immer gut genug sein.
- Mein Sein erfreut meine Mitmenschen.
- Ich verdiene Menschen, die es lieben, mich zum Lächeln zu bringen.
- Ich bin es wert, ein wundervolles Leben zu führen.
- Von Tag zu Tag fühle ich mich immer wertvoller und wertvoller.
- Ich verdiene Liebe, Aufmerksamkeit und Fürsorge.
- Meine Einzigartigkeit macht mich unbezahlbar.
- Ich bin willkommen auf dieser Welt.
- Ich bin eine wertvolle Freundin, Partnerin, Mitarbeiterin.
- Ich bin ein wertvoller Freund, Partner, Mitarbeiter.
- Für viele Menschen bin ich mehr wert als alles Geld der Welt.

Ich bin ein Geschenk für diese Welt.

Familie

Es heißt, Familie ist dort, wo das Leben seinen Anfang hat und die Liebe niemals endet. Das Familienleben oder der Wunsch nach einer Familie ist aber auch oft mit Herausforderungen verbunden. Um diese zu meistern, kannst du die Kraft der Affirmationen nutzen.

FAMILIENLIEBE STÄRKEN

- Liebe durchströmt unser Heim und unsere Herzen.
- In meiner Familie stellen sich jetzt wieder Harmonie und Frieden ein.
- Meine Familie ist ein Ausdruck von Geborgenheit, Liebe und Harmonie.
- Von Tag zu Tag spüre ich mehr, wie die Liebe in unserer Familie wächst.
- Meine Familie ist gesegnet mit Liebe und Gesundheit.
- Alle Verbindungen innerhalb meiner Familie dürfen jetzt heilen.
- Von Tag zu Tag wird der Umgang in meiner Familie liebevoller und verständnisvoller.
- Unser Zuhause ist ein Ort der vollkommenen Liebe.
- Die Beziehung zu meiner Tochter, meinem Sohn, zu Schwester, Bruder, Vater, Mutter wird von Tag zu Tag besser und liebevoller.
- Alles, was meine Beziehung zu meiner Tochter, meinem Sohn, zu Schwester, Bruder, Vater, Mutter belastet, darf jetzt gehen.
- Alles, was zwischen mir und meiner Tochter, meinem Sohn, zwischen mir und meiner Schwester, Bruder, Vater, Mutter steht, darf sich jetzt zeigen und durch Liebe geheilt werden.

KINDER-AFFIRMATIONEN

Diese Sätze sind für Kinder geeignet! Wichtig: Das Kind muss die Affirmation aus freiem Willen sprechen. Du kannst sie ihm beispielsweise vor dem Schlafengehen in der Du-Form vorsagen oder es die Sätze selbst aussprechen lassen. Möchtest du eigene Affirmationen kreieren, achte darauf, dass sie kurz und einfach formuliert sind.

- Ich bin stark und mutig.
- Ich werde immer geliebt.
- Ich bin genau richtig.
- Ich kann alles schaffen, was ich will.
- Ich bin ein Geschenk für diese Welt.
- Ich bin klug, liebenswert und schön.
- Ich bin gut zu andern Menschen – und sie sind gut zu mir.
- Ich liebe das Leben.
- Ich freue mich über jeden neuen Tag.
- Ich bin wertvoll.
- Ich werde beschützt.
- Ich bin geboren, um glücklich zu sein.
- Ich darf alles sein, was ich will.

Mama und Papa haben mich unendlich lieb.

MAMA-AFFIRMATIONEN (AUCH FÜR PAPAS)

- Ich erziehe mein Kind mit Liebe und Achtsamkeit.
- Ich trage alle Fähigkeiten in mir, um meine Rolle als Mutter wunderbar zu erfüllen.
- Ich vertraue meinem Partner – ich vertraue meinem Kind.
- Mein mütterlicher Instinkt leitet mich auf all meinen Wegen.
- Die unendliche Liebe meiner Familie ist meine Kraftquelle.

Ich bin
eine gute Mama.

- Von Tag zu Tag gewinne ich mehr Selbstvertrauen in meiner Rolle als Mutter.
- Mein Kind liebt mich, so wie ich bin.
- Ich weiß: Alles, was ich gebe, schenkt mir das Leben vielfach zurück.
- Ich bin eine Bereicherung für meine Familie.
- Ich umsorge mich selbst genauso liebevoll, wie ich mein Kind umsorge.
- Ich bin dankbar für die unendliche Liebe meines Kindes.
- Ich bin eine mitfühlende und liebevolle Mama.
- Ich bin wichtig für meine Familie.

- Ich meistere die Aufgaben des Mutterseins mit Leichtigkeit.
- Ich vergebe mir all meine Fehler als Mutter, denn ich mache auch so viel richtig
- Liebevoll zeige ich meinem Kind Grenzen auf.
- Ich treffe immer die besten Entscheidungen für mich und mein Kind.

SCHWANGER WERDEN KINDERWUNSCH

- Mein Körper ist dafür gemacht, neues Leben zu erschaffen.
- Ich bin positiv und zuversichtlich.
- Ich fühle mich körperlich und mental bereit, schwanger zu werden.
- Ich vertraue meinem Körper und dem Fluss des Lebens.
- Jede Zelle meines Körpers unterstützt mich dabei, schwanger zu werden.
- Ich bin fruchtbar und empfangsbereit.
- Egal was passiert, ich bleibe im Vertrauen.
- Ich bin bereit, ein gesundes Baby in mir heranwachsen zu lassen.
- Mein Körper ist perfekt, um neues Leben reifen zu lassen.
- Ich lasse los, entspanne mich und empfange.
- Ich bin bereit, Mutter/Vater zu werden.
- Ich freue mich von Tag zu Tag mehr darauf, mein Baby unter meinem Herzen zu tragen.
- Ich bin bereit, mein Baby zu empfangen.

SCHWANGERSCHAFT

- Liebe und Leichtigkeit begleiten meine Schwangerschaft.
- Mein Körper versorgt mein Baby mit allem, was es braucht.
- Ich bin gesund. Mein Kind ist gesund.
- Ich bin erfüllt von innerer Ruhe und Frieden.
- Ich bin voller Vertrauen in meinen Körper.
- Ich nehme die Veränderung meines Körpers liebevoll an.
- Jede Zelle meines Körpers weiß, was zu tun ist, um ein gesundes Baby heranwachsen zu lassen.
- Mein Körper darf sich für mein Baby verändern.
- Ich bin voller Vorfreude und Zuversicht.
- Mein Körper sorgt dafür, dass mein Kind alles bekommt, was es braucht, um gesund und stark zu werden.
- Ich bin entspannt. Mein Kind ist entspannt.
- Ich vertraue meinem Körper, denn er weiß, was zu tun ist.
- Mein Baby kommt genau dann, wenn es bereit dazu ist.
- Mich erwartet eine sanfte und sichere Geburt.
- Die Verbindung zwischen meinem Baby und mir wird jeden Tag stärker.
- Jede Welle bringt mich meinem Baby näher.
- Ich genieße das Wunder, das mein Körper gerade vollbringt.

Gelassenheit & Urvertrauen

Das Leben ist immer für dich. Du darfst ihm vertrauen und dich von ihm tragen lassen. Lerne aber auch, deine innere Ruhe zu bewahren und gelassen zu bleiben, wenn es einmal stürmisch wird. Denn du hast alles in dir, um auch diese Situationen zu meistern.

DEINE INNERE MITTE FINDEN

- Ich ruhe stabil und sicher in meiner inneren Mitte.
- Ich bin und bleibe ganz bei mir, egal was passiert.
- Ich spüre meine innere Mitte – meine Kraftquelle, meinen Ruhepol.
- Ich spüre die Ruhe, die mich von meiner Körpermitte jetzt überkommt.
- Ich lasse das Außen los und komme Schritt für Schritt wieder ganz bei mir an.
- Ich ruhe friedvoll in mir.
- Ich verbinde mich mit meiner inneren Mitte und werde ruhig und immer ruhiger.

GELASSENHEIT IN JEDER LEBENSLAGE

- Egal was passiert, ich bleibe ruhig und gelassen.
- Gelassenheit ist meine tägliche Begleiterin. Sie bringt mich sanft im Leben weiter.
- Ich bin die Wächterin über meine innere Ruhe.
- Je größer das Chaos im Außen, desto tiefer ruhe ich im Innen.
- Ich wähle Gedanken des Friedens und der Gelassenheit.
- Ich bestimme, was mich trifft und was nicht.
- Es fällt mir leicht, in jeder Lebenslage ruhig und gelassen zu sein.
- Ich baue mir eine unerschütterliche innere Ruhe auf.
- Ich bin jeder Situation gewachsen und bleibe ruhig, souverän und gelassen.
- Gelassenheit ist mein natürlicher Zustand, den ich jetzt wieder einnehme.
- Alles, was mir heute widerfährt, meistere ich mit Ruhe und Gelassenheit.

Mit Ruhe und Gelassenheit
finde ich zu meiner Glückseligkeit.

LEICHTIGKEIT ERLEBEN

- Ich genieße die Leichtigkeit des Seins.
- Ich lasse los, was schwer ist – ich lasse zu, was leicht ist.
- Freude und Leichtigkeit erfüllen mein Herz.
- Wie ein Magnet ziehe ich Menschen und Situationen an, die mein Leben leichter machen.
- Ich darf loslassen und mich unbeschwert den Freuden des Lebens hingeben.
- Mein Leben darf leicht sein.
- Dankbar spüre ich, wie Leichtigkeit sich in mir ausdehnt.
- Von Tag zu Tag wird mein Leben in jeglicher Hinsicht immer leichter und freudvoller.
- Ich lasse alles Schwere los und werde frei und immer freier.
- Ich entscheide mich für Leichtigkeit.
- Ich fühle mich beschwingt und leicht.
- Mein ganzer Körper fühlt sich leicht und frei an.

STRESS AUFLÖSEN EIN GESUNDER UMGANG MIT STRESS

- Ich tue einen Schritt nach dem anderen und bleibe ruhig und gelassen.
- In meinem Kopf wird es ruhig und immer ruhiger.
- Mit jedem Atemzug fällt Stress von mir ab. Mein Körper und mein Geist entspannen sich immer mehr und mehr.
- Je größer der Stress im Außen, desto tiefer entspanne ich im Innen.

Ich atme tief, entspannt und ruhig.

- Entspannung und Frieden durchströmen meinen Körper und meinen Geist.
- Ich atme Entspannung ein und Anspannung aus.
- Ich vertraue meiner inneren Führung, lasse los und werde ruhig und immer ruhiger.
- Ich nehme mir Pausen, wenn ich sie brauche.
- Ich bin ein Magnet für Ruhe und Gelassenheit.
- Mein Körper ist entspannt. Meine Gedanken sind entspannt. Ich bin entspannt.
- Entspannung ist mein natürlicher Zustand und dieser stellt sich jetzt wieder ein.

- Ich ruhe in mir selbst – egal was im Außen passiert.
- Ich bin souverän und entspannt.
- Ich bin und bleibe in jeder Situation ruhig und gelassen.
- Ich wähle Gedanken, die meiner Entspannung förderlich sind.
- Ich lasse los und komme ganz bei mir an.
- Ich trage eine unerschütterliche innere Ruhe in mir.

PERFEKTIONISMUS LOSLASSEN

- Ich darf loslassen und einfach sein.
- Alles, was ich mache und schaffe, ist gut genug.
- Ich darf Fehler machen und bleibe trotzdem wertvoll.
- Ich traue mich, authentisch und unperfekt zu leben.
- Ich werde von Tag zu Tag in jeglicher Hinsicht immer entspannter und entspannter.
- Ich bin wunderbar, so wie ich bin, egal was ich schaffe und mache.
- Ich nehme meine Fehler und Schwächen liebevoll an.
- Ich bin liebenswert, egal was ich leiste.
- Von Tag zu Tag lasse ich die Kontrolle los und vertraue dem Leben.
- Ich bin im Frieden mit mir.
- Ich bin frei, unperfekt zu sein.
- Ich löse mich von all meinen Erwartungen und allen Erwartungen vom Außen.
- Ich erlaube mir, frei und spontan zu sein.
- Meine Fehler und Schwächen machen mich einzigartig.
- Ich bin richtig, genauso wie ich bin.

URVERTRAUEN AUFBAUEN

- So wie ich meinem Atem vertraue, so vertraue ich auch dem Leben.
- Alles geschieht zu meinem Besten. Darauf vertraue ich.
- Ich bin zur rechten Zeit am rechten Ort.
- Wenn ich Ja zum Leben sage, sagt das Leben Ja zu mir.
- Ich vertraue mir selbst und dem Weg, der für mich bestimmt ist.
- Mit jedem Atemzug schöpfe ich neues Vertrauen.
- Ich bin ein Magnet für alles Gute.
- Ich lasse Ängste und Zweifel los und baue tiefes inneres Vertrauen auf.
- Das Leben liebt mich.
- Ich vertraue der Urkraft in mir.
- So wie ich weiß, dass morgen die Sonne aufgeht, so weiß ich auch, dass das Leben für mich sorgt.
- Alles geschieht zu meinem höchsten Wohl.
- Ich gebe mich dem Fluss des Lebens voller Vertrauen hin.
- Alles, was ich brauche, wird mir gegeben.
- Ich gehe meinen Weg mit Mut, Kraft und Vertrauen.

Geld und Wohlstand

»Geld verdirbt den Charakter.« »Über Geld spricht man nicht.« »Geld stinkt!« Hast du auch diese oder ähnliche Glaubenssätze? Dann lebst du vermutlich in einem ständigen Zustand des Mangels. Bedenke: Geld ist ein Mittel zum Zweck – ein Mittel für mehr Freiheit, ein Mittel, um sich Wünsche zu erfüllen, ein Mittel, um Gutes zu tun. Du verdienst es, in Fülle zu leben.

FINANZIELLE FREIHEIT

- Ich bin frei, mein Leben so zu führen, wie ich möchte.
- Ich lebe frei, selbstbestimmt und freudvoll.
- Ich genieße meine finanzielle Freiheit.
- Wie ein Magnet ziehe ich Fülle in mein Leben, um unabhängig und frei zu sein.
- Ich bin frei, das zu tun, was mein Herz erfüllt.
- Ich bin ein Magnet für Wohlstand und darf mein Leben frei führen.
- Ich bin finanziell unabhängig.
- Ich genieße es, frei und freudvoll Geld zu verdienen.
- Ich erlaube mir, meine Träume zu leben.
- Frei und selbstbestimmt zu sein, ist meine Natur.
- Ich bin dankbar dafür, immer genug Geld zu haben.
- Von Tag zu Tag werde ich immer freier.
- Ich genieße es, meinen Tag ganz nach meinen Vorstellungen zu leben.
- Ich vertraue dem Geldfluss, der mir Freiheit schenkt.

GELD ANZIEHEN

- Ich vertraue auf die universelle Kraft der Fülle.
- Ich habe immer genug Geld.
- Was ich ausgebe, fließt mühelos zu mir zurück.
- Meine finanzielle Situation verbessert sich von Tag zu Tag.
- Geld fließt mir auf wundersame Weise zu.
- Es ist genug für alle da. Ich erlaube mir, in Fülle zu leben.
- Ich heiße den Geldfluss in meinem Leben willkommen.
- Gelegenheiten, Geld zu erlangen, fließen mir mit Leichtigkeit zu.
- Ich verdiene und begrüße den finanziellen Wohlstand in meinem Leben.

Geld zirkuliert in meinem Leben –
es fließt immer wieder zu mir zurück.

- Ich bin ein Geldmagnet.
- Geld schafft positive Auswirkungen in meinem Leben.
- Ich bin empfänglich für Überfluss und Wohlstand.
- Ich habe immer genug Geld, um meine Wünsche zu erfüllen.
- Es fällt mir leicht, mein Geld zu vermehren.
- Geld kommt auf neuen und unerwarteten Wegen zu mir.

- Ich bin es wert, Geld zu empfangen und im Überfluss zu leben.
- Ich bin ein liebevoller, großzügiger und wohlhabender Mensch.
- Jeden Tag verdiene ich mehr und mehr Geld.
- Ich bin immer zur richtigen Zeit am richtigen Ort und erkenne meine Chancen.
- Wie ein Magnet ziehe ich (Betrag einsetzen) Euro an.
- Ich bin offen und bereit, Fülle in all ihren Formen zu empfangen.

SICH MATERIELLE WÜNSCHE ERFÜLLEN

- Ich habe immer genug Geld, um mir meine Wünsche zu erfüllen.
- Das Leben liebt es, mir Wünsche zu erfüllen.
- Von Tag zu Tag wachsen meine Ersparnisse.
- Durch die Energie meines Herzenswunsches ziehe ich jetzt die Summe an, die ich brauche.
- Ich lebe in finanzieller Fülle und kann mir all meine Wünsche erfüllen.
- Ich danke für den Geldsegen, der mir meinen Herzenswunsch erfüllt.
- Ich empfange Geld, um mir und meinen Liebsten Herzenswünsche zu erfüllen.
- Ich habe es verdient, im Wohlstand zu leben, um mir meine Wünsche zu erfüllen.
- Ich öffne mich für den Fluss des Geldes, der mich zu meinen Wünschen trägt.
- So wie ich weiß, dass morgen die Sonne aufgeht, so weiß ich auch, dass ich mir meinen Wunsch erfüllen werde.
- Ich bin dankbar für das Geldgeschenk, das mir die Erfüllung meines Wunsches ermöglicht.

WOHLSTAND UND REICHTUM

- Ich bin den Wohlstand wert, den ich mir wünsche.
- Ich glaube an das Gesetz der Fülle und ziehe Geld magnetisch an.
- Weil genug für alle da ist, entscheide ich mich für Überfluss.
- Reichtum folgt mir, wohin ich auch gehe.
- Ich kreiere jetzt unbegrenzte Fülle in allen Bereichen meines Lebens.
- Es gibt grenzenlos viele Wege, wie Reichtum in mein Leben fließen kann.
- Ich habe für all meine Träume die finanziellen Mittel.
- Ich lebe im finanziellen Überfluss.
- Ich öffne mich meinem inneren Reichtum, damit äußerer folgt.
- Ich bin reich, weil ich von dem, was ich brauche, stets genug schöpfe.
- Mein Wohlstand schenkt mir unendlich viele Möglichkeiten.
- Ich bin offen für neue Wege, Wohlstand in mein Leben einzuladen.
- Ich erfreue mich am Reichtum des Lebens.
- Ich habe genug, um mir mein Traumleben zu erschaffen.
- Ich lebe grenzenlos und erfreue mich an meinem inneren und äußeren Reichtum.

Glück und Lebensfreude

Glücklichsein kann man lernen – und am besten fängst du heute damit an. Das Glück versteckt sich nämlich meist nicht hinter dem erreichten Ziel oder der Erfüllung dieses einen Wunsches. Nein, meist findet es seine Wurzeln in unseren Gedanken. Und genau diese kannst du wunderbar mit Affirmationen beeinflussen.

GLÜCKLICH SEIN

- Mein erster Gedanke nach dem Aufwachen lautet: Ich bin glücklich.
- Ich ziehe das Glück magnetisch an.
- Mein Glück vermehrt sich auf wundersame Weise.
- Ich liebe das Leben und das Leben liebt mich.
- Das Glück ist mein täglicher Begleiter.
- Glücklichsein ist mein Geburtsrecht.
- Ich bin glücklich und beseelt.
- Es fällt mir leicht, von Tag zu Tag glücklicher zu werden.
- Jeder neue Tag erfüllt mich mit Glück und Dankbarkeit.
- Heute mache ich mich selbst glücklich.
- Glücklich zu sein ist meine Natur.
- Voller Leichtigkeit und Vorfreude starte ich in den Tag.
- Ich erlaube mir, glücklich zu sein.
- Mein Leben ist ein Meisterwerk der Lebensfreude.
- Ich öffne mich für die Freuden des Lebens.
- Es gelingt mir von Tag zu Tag immer besser, mich an den kleinen Dingen des Lebens zu erfreuen.
- Heute entscheide ich mich für Freude, Licht und Liebe.
- Ich öffne mich für die pure Lebensfreude.
- Ich bin ein Sonnenschein.

DANKBARKEIT

- Von Tag zu Tag finde ich mehr Gründe, um dankbar und glücklich zu sein.
- Dankbarkeit ist mein Turbo zum Glücklichsein.
- Indem ich dankbar bin, ziehe ich an, was ich mir wünsche.
- Ich bin dankbar für mich selbst.
- Ich bin dankbar für meinen Körper, meinen Partner, meine Partnerin, meine Kinder, meine Freunde, mein Heim, meinen Job, meine Familie.
- Ich bin dankbar für die unendliche Kraft in mir.

- Ich bin dankbar für die Möglichkeiten, die mir das Leben gibt.
- Ich bin dankbar für den Reichtum in meinem Leben.
- Ich bin dankbar für meine Gesundheit.
- Ich bin dankbar für die kleinen Dinge des Lebens.
- Ich bin dankbar für die unendliche Liebe, die ich empfinde.
- Ich danke für all die Wunder in meinem Leben – und für alle, die noch folgen werden.

Heute finde ich viele Gründe, um dankbar zu sein.

- Voller Dankbarkeit öffne ich mein Herz für die Liebe.
- Voller Dankbarkeit nehme ich Erfolg und Fülle in Empfang.
- Voller Dankbarkeit spüre ich meine innere Stärke.
- Ich entscheide mich für den Weg der Dankbarkeit und ziehe dadurch Fülle in mein Leben.
- Dankbarkeit ist ein Magnet für alles Gute im Leben.

OPTIMISMUS

- Positive Gedanken sind meine Natur.
- Ich erwarte Gutes und Gutes erwartet mich.
- Ich ziehe alles Positive auf wundersame Weise an.
- Heute ist mein Leben reich an Wundern.
- Ich öffne meinen Blick für all das Gute um mich herum.
- Heute finde ich die Kraft für positive Veränderungen in mir.
- Ich werde von Tag zu Tag optimistischer.

*Ich schärfe meinen Blick
für das Positive.*

- Bejahende Gedanken begleiten meinen Alltag.
- In allem, was mir heute begegnet, entdecke ich das Gute.
- Es fällt mir leicht, die Freuden des Lebens zu erkennen.
- Positive Gedanken bestimmen meinen Alltag.

ZUFRIEDENHEIT IM LEBEN

- Ich schließe Frieden mit mir und meinem Leben.
- Ich bin dankbar für alles, was mein Leben mir ermöglicht.
- Ich führe ein gutes Leben.
- Ich bin ausgeglichen und zufrieden.
- Ich verspüre Frieden in allen Lebensbereichen.
- Ich bin stolz auf alles, was ich in meinem Leben bereits erschaffen habe.
- Mein Leben bietet viele Anlässe, um dankbar zu sein.
- Ich fokussiere mich auf das Gute in meinem Leben und werde von Tag zu Tag glücklicher.
- Ich bin genau da, wo ich sein soll.
- Ich bin dankbar für alles, was mir das Leben bereits geschenkt hat.

Gesundheit und Heilung

»Ein gesunder Mensch hat tausend Wünsche, ein kranker nur einen.« So sagt man in Indien. Mit Krankheit oder Schmerz zu leben, ist tatsächlich eine der größten Herausforderungen, die dir in deinem Leben zuteilwerden kann. Neben der Behandlung durch Ärzte und Therapeuten kannst du dich und deinen Körper mental dabei unterstützen, wieder zu genesen oder deine Symptome zu vermindern. Mithilfe der Affirmationen kannst du nämlich einen sanften Placeboeffekt erschaffen. Klar ist aber: Eine Affirmation ersetzt weder Medizin noch Arzt oder Therapeutin.

HEILUNG ERLANGEN

- Gesundheit ist mein natürlicher Zustand und dieser stellt sich jetzt wieder ein.
- Jeder Atemzug gibt mir neue, positive Energie und aktiviert meine Selbstheilungskräfte.
- Mein Körper ist in der Lage, sich selbst zu heilen.
- Jeden Tag bin ich in jeder Hinsicht gesünder und fühle mich besser und besser.
- Heilung durchströmt meinen Körper und meinen Geist.
- Mein Körper ist stark, fit und gesund.
- Ich entlasse jegliche Spannung aus meinem Körper und entscheide mich für Heilung.
- Ich spüre und genieße meine Vitalität.

Vollkommene Gesundheit ist der natürliche Zustand meines Seins.

- Mit jedem Tag geht es mir besser und besser.
- Jede Zelle meines Körpers entscheidet sich für Heilung.
- Mein Immunsystem wird von Tag zu Tag immer stärker und stärker.
- Meine Gesundheit ist ein Abbild meiner Gedanken. Ich denke positiv und kraftvoll.

- Mein Körper ist ein Wunderwerk der Selbstheilung.
- Alles, was meinen Körper an der Heilung hindert, lasse ich jetzt los.
- Ich sende heilsame Liebe in jede Zelle meines Körpers.
- Die Botschaft meiner Krankheit darf sich jetzt zeigen.
- Ich atme Liebe und Heilung ein und Angst und Anspannung aus.
- Mein Körper, mein Geist und meine Seele entscheiden sich für Gesundheit.
- Jede Zelle meines Körpers ist glücklich und gesund.
- Ich erfreue mich bester Gesundheit.

WIEDER GUT SCHLAFEN

- Der natürliche Schlafzyklus meines Körpers stellt sich jetzt wieder ein.
- Ich verdiene einen erholsamen Schlaf.
- Beruhigende Gedanken und Optimismus werden meine Träume füllen.
- Ich schlafe in Liebe zu mir selbst ein und genieße eine erholsame Nacht.
- Ich lasse alles los und spüre, wie mich eine tiefe heilsame Entspannung überkommt.
- Mein Geist und mein Körper sind bereit, sich auszuruhen.
- Ich bin entspannt und müde.
- Es fällt mir von Tag zu Tag leichter, ein- und durchzuschlafen.
- Ich lasse los und werde schwer. Schwer und immer schwerer. Ich sinke in einen tiefen erholsamen Schlaf.
- Ich wähle Schlaf, Ruhe, Frieden und Entspannung.
- Ich begrüße eine friedliche und sanfte Nacht.
- Meine Augen schließen sich mühelos und ich sinke in einen tiefen erholsamen Schlaf.
- Ich verdiene Liebe. Ich verdiene Frieden. Ich verdiene Ruhe.
- Ich bin bereit für eine Nacht voller Ruhe und Heilung.

ENTZÜNDUNGEN HEILEN

- Jede Zelle meines Körpers regeneriert und heilt sich selbst.
- Mit jedem Atemzug nehme ich heilsame Liebe in mich auf, die das Feuer der Entzündung löscht.
- Ich lasse los, was mich schwächt, ich lasse zu, was mich stärkt.
- Ich entlasse die Hitze aus meinem Körper – meine Entzündung kühlt und heilt.
- Ich sende Liebe und Licht an (betroffene Körperstelle einsetzen).
- Mein (Organ oder Körperstelle der Entzündung einsetzen) ist in der Lage, sich selbst zu heilen.
- Ich entlasse das Feuer aus meinem Körper und entscheide mich für Heilung.
- Meine Entzündung klingt ab und heilt.

Ich sende Liebe und Licht in die entzündeten Zellen meines Körpers.

KOPFSCHMERZEN LINDERN

- Mein Kopf ist leicht und frei.
- Mein Unterbewusstsein erinnert sich an den Zustand vollkommener Entspannung.
- Ich entlasse jegliche Spannung aus meinem Kopf und werde frei.
- Der Druck weicht aus mir – ich werde leicht und frei.
- Ich fühle mich entspannt, klar und frei.
- Alle Nerven meines Körpers sind gelockert und entspannt.
- Meine Gedanken sind leicht und positiv und entlasten meinen Kopf.
- Freiheit und Leichtigkeit erfassen alle Zellen meines Kopfes.
- Mir geht es von Minute zu Minute immer besser und besser.
- Mit jedem Atemzug entlasse ich Anspannung aus meinem Kopf und werde immer lockerer und lockerer.

MAGEN-DARM-PROBLEME AUSKURIEREN

- Magen und Darm entspannen und regenerieren sich.
- Ich nehme die Symptome meines Körpers wahr und kümmere mich liebevoll um mich selbst.
- Ich lasse meine Gefühle zu und los und befreie so meinen Magen und meinen Darm.
- Mein Bauch ist ruhig und im vollkommenen Gleichgewicht.
- Ich stelle im Außen die Ruhe und den Frieden her, die sich mein Bauch wünscht.
- Ein gutes Bauchgefühl stellt sich jetzt ein.
- Meine Gefühle sind gut und richtig.
- Ich bin im Einklang mit dem, was ich esse, und mein Essen ist im Einklang mit mir.
- Mein Magen/Darm ist gesund, stark und weise.
- Meine Verdauung ist im Fluss und funktioniert optimal.
- Ich lasse Gefühle von Schuld, Angst oder Wut jetzt los.
- Das Gleichgewicht in meinem Bauch stellt sich jetzt her.
- Ich lasse los und entspanne mich.
- Ich liebe meinen Magen/Darm und bin dankbar für alles, was sie für mich tun.
- Innerer Frieden breitet sich in meinem Bauch aus.

MÜDIGKEIT UND ERSCHÖPFUNG BEGEGNEN

- Jede Zelle meines Körpers wird mit kraftvoller Energie versorgt.
- Ich bin hellwach und hoch konzentriert.
- Ich erlaube mir die Ruhe, die ich brauche.
- Ich bin voller Energie und hellwach.
- Ich lade mich jetzt mit Liebe, Kraft und Selbstvertrauen auf.
- Meine Lebensenergie ist grenzenlos.
- Mit jedem Atemzug nehme ich neue und kraftvolle Energie in mich auf.
- Jede Pause regeneriert meine Kraft.
- Ich schwinge in der Frequenz von Liebe, Freude und Kraft.
- Ich gelange jetzt in meine höchste Energie.
- Ich gehe achtsam und schonend mit meiner Energie um.
- Jede Zelle meines Körpers wird mit Liebe und Kraft versorgt.
- Ich bin geerdet, verwurzelt und voller Energie.

Ich bin die Quelle meiner inneren Kraft.

SCHMERZEN LINDERN

- Positive Gedanken besänftigen meinen Schmerz und bringen mich der Freiheit näher.
- Von Tag zu Tag verbessert sich mein Wohlbefinden.
- Ich fühle mich gelöst und befreit.
- Ich nehme meinen Schmerz liebevoll an und öffne mich für die Möglichkeit, frei zu werden.
- Die Botschaft meines Schmerzes darf sich jetzt zeigen.
- Entspannung und Wohlbefinden sind der natürliche Zustand meines Körpers und dieser stellt sich jetzt wieder ein.
- Ich habe die Kraft, diesen Schmerz zu wandeln.
- Ich bringe liebevolle Geduld für meinen Körper auf und bin mir seiner Heilung gewiss.
- Ich fühle mich frei, entspannt und gesund.
- Von Tag zu Tag wird mein Schmerz sanfter und mein Wohlbefinden größer.
- Ich bin bereit für die Botschaft, die mir mein Körper durch den Schmerz mitteilen will.
- In Liebe und Geduld gebe ich meinem Körper die Zeit, völlig zu heilen.
- Ich öffne mich für völlige Schmerzfreiheit.
- Auch wenn ich diesen Schmerz habe, nehme ich meinen Körper liebevoll an, denn ich weiß: Liebe ist Heilung.

VERSPANNUNGEN LOCKERN

- Jeder Atemzug lädt meinen Körper zum Entspannen ein.
- Harmonie und Frieden durchströmen meinen ganzen Körper.
- Jede Zelle meines Körpers lockert und entspannt sich jetzt.
- Ich weiß, Entspannung beginnt in meinem Kopf.
- Mein Körper ist entspannt. Mein Geist ist entspannt. Ich bin entspannt.
- Ich bin bereit, loszulassen und zu entspannen.
- Jegliche Anspannung fließt aus meinem Körper.
- Jede Muskelfaser meines Körpers strebt nach Entspannung.
- Alle Ängste und Sorgen verlassen jetzt meinen Körper.
- Ich entscheide mich für Gedanken, die meinen Körper und meinen Geist entspannen.

MENTALE GESUNDHEIT

- Meine Gedanken sind voller Liebe, Zuversicht und Gelassenheit.
- Alle meine Gefühle sind willkommen.
- Mein Geist ist ruhig und friedlich.
- Ich verdiene meine Aufmerksamkeit und Fürsorge.
- Ich bin dankbar für meine mentale Gesundheit.
- Ich entscheide mich für Gedanken, die mich stärken.

Ich bin im Einklang
mit mir selbst.

- Ich baue eine gesunde Beziehung zu all meinen Gefühlen auf.
- Ich bin mental und körperlich stark.
- Weil ich mich liebe, schenke ich mir liebevolle Gedanken.
- Ich nehme mir Zeit und Raum für mein mentales Wohlbefinden.
- Ich verdiene es, glücklich und gesund zu sein.
- Mein Geist ist gesund. Mein Körper ist gesund. Meine Gedanken sind gesund.
- Meine mentalen Abwehrkräfte werden von Tag zu Tag immer stärker und stärker.

VERTRAUEN ZUM KÖRPER (WIEDER-)AUFBAUEN

- Ich vertraue der grenzenlosen Weisheit meines Körpers.
- Mein Körper strebt in jeder Sekunde nach Heilung, Gesundheit und Wohlbefinden.
- Ich vertraue auf die Selbstheilungskräfte meines Körpers.
- Je mehr ich meinem Körper vertraue, desto eher werde ich gesund.
- Mein Körper sorgt Tag und Nacht für mich – er weiß immer genau, was zu tun ist.
- So wie ich meinem Atem vertraue, so vertraue ich auch meinem Körper.
- So wie ich weiß, dass morgen die Sonne wieder aufgeht, so weiß ich auch, dass ich gesund werde.
- Mein Körper tut stets sein Bestes und arbeitet für mein höchstes Wohl.
- Selbstheilung ist der natürliche Mechanismus meines Körpers.
- Ich glaube an die Urkraft meines Körpers.
- Mein Körper ist täglich 24 Stunden für mich da.
- Ich gehe jetzt eine tiefe und heilsame Bindung zu meinem Körper ein und übergebe ihm die Verantwortung für meine völlige Gesundheit.

Inneres Kind heilen

Wenn das Kind, das du einst warst, noch immer weint, ist dein Leben oft ein Abbild der Vergangenheit. Verletzungen aus der Kindheit prägen sich tief in unserem Unterbewusstsein ein. Sie führen zu Glaubenssätzen, Verhaltensmustern und Entscheidungen, die eine Wiederholung des Kindheitsschmerzes begünstigen. Affirmationen sind eines von vielen Werkzeugen, die die Heilung deines inneren Kindes unterstützen und dich so vom negativen Kreislauf deiner frühen Wunden befreien können.

HEILUNGSSÄTZE FÜR DEIN INNERES KIND IN DER DU-FORM

Hier sprichst du mit deinem inneren Kind-Anteil – daher die Du-Form.

- Ich sehe dich, ich höre dich, ich fühle dich!
- Du bist genau richtig so, wie du bist.
- Du verdienst es, gesehen, geachtet und geliebt zu werden.
- Es war nicht deine Schuld! Du warst ein Kind. Ein zauberhaftes Kind.
- Ich verspreche dir, ich lasse dich nie wieder allein.
- Egal was passiert, ich werde dich immer lieben.
- Du hast so viel Potenzial, mein kleiner Stern.
- Ich glaube an dich.
- Du darfst dich zeigen, wie du wirklich bist.
- Du wirst geliebt, auch wenn du Fehler machst.
- Ich beschütze dich.

Der Tag, an dem du geboren wurdest, war ein Glückstag.

- Du bist goldrichtig.
- Es macht mich glücklich, dass es dich gibt.
- Ich bin jetzt bei dir und schenke dir all die Liebe, die du damals vermisst hast.
- Dein Herz und deine Seele sind wunderschön.
- Du bist bezaubernd.
- Ich bin stolz auf dich.
- Du bist ein kleiner wertvoller Stern, der diese Welt schöner macht.
- Wir beide hören jetzt damit auf, die Vergangenheit zu wiederholen, und werden frei.
- Meine Liebe heilt dich jetzt.

HEILUNGSSÄTZE FÜR DEIN INNERES KIND IN DER ICH-FORM

Hier verbindest du dich mit deinem inneren Kind-Anteil.

- Ich liebe und akzeptiere mich so, wie ich bin.
- Ich bin in Sicherheit.
- Ich öffne mich für die Gefühle meiner Kindheit, lasse sie zu und heile sie.
- Ich heile mein inneres Kind durch meine Beziehung zu mir.
- Ich glaube an mich und meine Fähigkeiten.
- Ich verdiene es, geliebt und geachtet zu werden.
- Ich darf mich so zeigen, wie ich wirklich bin.
- Ich schenke mir Liebe, Geborgenheit und Sicherheit.
- Ich bin liebenswert, unabhängig von Leistung.
- Ich tue genug. Ich kann genug. Ich bin genug.
- Ich löse mich von Mustern meiner Kindheit und werde frei.
- Ich bin willkommen auf dieser Welt.
- Ich bin mir selbst die beste Mutter, die ich sein kann.
- Ich bin mir selbst der beste Vater, der ich sein kann.
- Ich darf all meine Gefühle zulassen.
- Ich bin in der Lage dazu, mein inneres Kind zu heilen.
- Ich werde mich immer lieben, egal was passiert.

SCHAM UND SCHULD LOSLASSEN

- Ich darf so sein, wie ich bin – denn so bin ich liebenswert.
- Es war nicht meine Schuld. Ich gebe die Verantwortung zurück und werde frei.
- Alles, was zu mir gehört, ist richtig und liebenswert.
- Ich spreche mich frei von Schuld und Scham.
- Ich nehme mich mit all meinen Fehlern und Makeln liebevoll an.
- Ich schicke Liebe in jede Zelle meines Körpers, die Scham und Schuld gespeichert hat.
- Ich vergebe dem Kind in mir, das in jedem Moment sein Bestes tat.
- Ich erlöse mich von alten Lasten.
- Ich war vom ersten Moment an genau richtig.
- Ich nehme all meine Gefühle liebevoll an, bis sie bereit sind, sich aufzulösen.
- Ich löse mich von der Schuld meiner Kindheit, denn sie ist nicht mein.
- Ich habe den Mut und die Kraft, in jedem Moment zu mir und meinem inneren Kind zu stehen.
- Ich nehme all meine inneren Anteile liebevoll an.

Körper

Dein Körper ist der treuste Freund, den du je haben wirst. Er begleitet dich vom ersten bis zum letzten Tag und arbeitet rund um die Uhr nur für dich. Lerne diese Freundschaft zu pflegen, zu schätzen und zu genießen.

ABNEHMEN UND DAS WOHLFÜHLGEWICHT GENIESSEN

- Jeden Tag treffe ich die besten Entscheidungen für meinen Körper.
- Ich bin satt und zufrieden.
- Ich lasse überflüssige Pfunde einfach los.
- Ich fühle mich jeden Tag ein bisschen leichter.
- Es macht mir Freude, mich gesund zu ernähren.
- Von Tag zu Tag komme ich meinem Wunschgewicht immer näher.

- Ich bin schlank, gesund und vital.
- Es macht mir Freude, meinen Körper zu bewegen.
- Ich bin schön – innen und außen.
- Ich weiß, das Leben liebt und nährt mich.
- Ich fühle mich satt und geliebt.
- Es fällt mir leicht, ungesunde Gewohnheiten loszulassen.
- Ich bin bereit für mein Wohlfühlgewicht.
- Ich entscheide mich für ein leichtes Leben.
- Es fällt mir leicht, mich gesund zu ernähren.
- Von Tag zu Tag macht es mir mehr Freude, meinen Körper zu bewegen.
- Ich bin schlank und bleibe schlank.
- Schlank und gesund zu sein, ist mein natürlicher Zustand.

Ich bin mit meinem Körper im Einklang.

KÖRPERLICHE FITNESS UND MOTIVATION

- Ich bin gesund, fit und schlank.
- Von Tag zu Tag finde ich mehr Freude an Sport und Bewegung.
- Mein Körper ist kraftvoll und gesund.
- Bewegung ist ein Liebesgeständnis an meinen Körper.
- Ich finde genau die Sportart, die für meinen Körper am besten ist und mich mit Freude erfüllt.
- Immer wenn ich mich bewege, schüttet mein Körper Glückshormone aus.
- Mein Körper ist eine Quelle der Vitalität.
- Mein Körper hat es verdient, bewegt zu werden.
- Jeden Tag fällt es mir leichter, Sport zu machen.
- Ich liebe es, mich zu bewegen.
- Von Tag zu Tag fühle ich mich wohler in meinem Körper.
- Sport und Bewegung geben mir Kraft und Lebensfreude.
- Jede Zelle meines Körpers liebt Bewegung.
- Die richtige Sportart für mich wird sich zeigen.
- Ich liebe meinen Körper und danke es ihm mit Bewegung.
- Mein Körper ist ein Tempel der Kraft.
- Bewegung ist ein Bestandteil meines täglichen Lebens.

KÖRPERLIEBE

- Ich liebe jede Zelle meines Körpers.
- Ich bin dankbar für all das, was mein Körper täglich für mich tut.
- Mein Körper ist mein treuster Begleiter. Er ist mein Freund.
- Ich schließe Frieden mit meinem Körper.
- Ich erkenne die einzigartige Schönheit meines Körpers an.
- Ich muss nicht jede Stelle meines Körpers schön finden, um ihn zu lieben.
- Ich bin dankbar für meinen gesunden Körper.
- Von Tag zu Tag gelingt es mir besser, liebevoll für meinen Körper zu sorgen.
- Ich segne meinen Körper mit nahrhaftem Essen.
- Ich schätze meinen Körper, denn er gibt mir Leben.
- Mein Körper ist ein Kunstwerk.
- Ich begegne meinem Körper freundlich und mit Respekt.
- Ich nehme meinen Körper mit all seinen Makeln an.
- Ich begrüße nur positive Gedanken über meinen Körper.
- Von Tag zu Tag gelingt es mir mehr und mehr, meinen Körper so anzunehmen, wie er ist.
- Ich treffe Entscheidungen, die meinem Körper guttun.
- Ich fühle mich wohl in meiner Haut.

Liebe, Partnerschaft, Freundschaft

Liebe ist kein Luxus, sondern ein Grundbedürfnis. Studien belegen, dass Einsamkeit ähnlich negative Auswirkungen auf die Gesundheit hat wie Rauchen oder Alkoholismus. Du bist geboren, um zu lieben und geliebt zu werden. Öffne dich jetzt für die erfüllten Beziehungen, die du verdienst.

EINSAMKEIT ÜBERWINDEN

- Ich erkenne und fühle die Liebe in mir.
- Ich öffne mich für neue Kontakte und Freundschaften.
- Ich bin bereit, neue Liebe zu empfangen.
- Ich werde vom Leben selbst geliebt.
- Ich bin längst noch nicht allen Menschen begegnet, die mich lieben werden.
- Ich bin willkommen auf dieser Welt. Das Leben liebt mich.
- Ich hülle mich in die unendliche Kraft meiner Selbstliebe.
- Ich spüre die Kraft all jener Menschen, die mich lieben.
- Ich liebe es, Zeit mit mir selbst zu verbringen.
- Ich lebe in Fülle mit mir selbst.
- Jede Begegnung erfüllt mich mit Freude und Liebe.
- Ich bin offen für neue Wege der Liebe und Freundschaft.
- Ich bin ein Magnet für ehrliche und liebevolle Menschen.
- Ich bin offen, kommunikativ und herzlich.
- Ich erkenne und fühle die Liebe, die mir täglich zuteilwird.
- Ich ziehe die Liebe, die ich brauche, jetzt in mein Leben.
- Ich spüre die Geborgenheit in mir selbst.
- Wie ein Magnet ziehe ich jetzt Freunde, die wirklich zu mir passen, in mein Leben.
- Ich öffne mich für die Herzen meiner Mitmenschen.

FREUNDSCHAFT LEBEN

- Alle meine Freundschaften sind liebevoll und harmonisch.
- Es fällt mir leicht, Freunde zu gewinnen.
- Wie ein Magnet ziehe ich Menschen in mein Leben, die mir guttun.
- Ich beschließe die Vergangenheit und öffne mich für einen neuen Weg der Freundschaft.
- Die Verbundenheit zwischen (Name) und mir wird zu neuem Leben erweckt.
- Ich bin erfüllt von den wunderbaren Freundschaften, die ich führe.
- Meine Freundschaften sind harmonisch und bereichernd.
- Wie ein Magnet ziehe ich Freunde an, die mich so schätzen, wie ich wirklich bin.

Ich bin ein Geschenk für jeden Menschen, der sein Leben mit mir teilt.

- Voller Zuversicht halte ich Ausschau nach Menschen, die mein Leben bereichern.
- Ich bin kommunikativ und sympathisch.
- Alles, was meine Freundschaft zu (Name) belastet, darf jetzt gehen.

- Meine Freunde ermutigen und stärken mich.
- Überall, wo ich hingehe, gibt es Gelegenheiten, Freundschaften zu knüpfen.
- Ich bin erfüllt von tiefen Verbindungen.
- Von Tag zu Tag gelingt es mir besser, offen auf Menschen zuzugehen.
- Ich bin dankbar für die wundervollen Freunde, die ich habe.

LIEBE IN DER PARTNERSCHAFT NEU ENTFACHEN

Die gleichen Affirmationen kannst du natürlich auch für deine Partnerin umformulieren.

- Ich bin bereit, mich neu in meinen Partner zu verlieben.
- Ich sehe meinen Partner mit den Augen der Liebe.
- Ich erlaube mir, zu lieben und geliebt zu werden.
- Mein Partner und ich schenken unserer Beziehung die Zeit und Aufmerksamkeit, die sie verdient.
- Von Tag zu Tag wächst die Liebe in unserer Partnerschaft.

- Ich lasse los, was uns auseinandertreibt. Ich lasse zu, was uns zusammenhält.
- Liebe erfüllt unsere Verbindung.
- Ich bin bereit, unsere Liebe neu zu entfachen.
- Ich öffne mein Herz für die Liebe meines Partners.
- Ich bin bereit für neue Wege in unserer Liebe.
- Von Tag zu Tag wird unsere Beziehung in jeglicher Hinsicht immer besser und besser.
- Es ist schön, ein zweites Mal verliebt zu sein.
- Ich achte auf die Stärken meines Partners.
- Ich lasse Vergangenes hinter mir und öffne mich jetzt für die tiefe Liebe meines Partners.
- Ich genieße meine erfüllte Partnerschaft.
- Ich entscheide mich jeden Tag neu für meinen Partner.
- In Liebe und Verbundenheit gehen wir den Weg der Zweisamkeit.
- Ich nehme meinen Partner so an, wie er ist.
- Ich liebe meinen Partner mit jedem neuen Tag immer mehr und mehr.
- Unsere Beziehung basiert auf Liebe, Vertrauen und Respekt.
- Ich entscheide mich für liebevolle Gedanken meinem Partner gegenüber.

(SEELEN-)PARTNER FINDEN

- So wie ich weiß, dass morgen die Sonne wieder aufgeht, so weiß ich auch, dass mein Seelenpartner bereits unterwegs zu mir ist.
- Ich bin bereit, die Liebe meines Lebens zu empfangen.
- Weil ich mich selbst liebe, bin ich ein Magnet für die Liebe.
- Durch die magnetische Kraft meiner Gedanken ziehe ich meinen Seelenpartner an.
- Ich genieße es, mein Glück mit meinem Partner zu teilen.
- Ich bin zur richtigen Zeit am richtigen Ort.
- Es darf leicht sein, die Liebe zu finden.
- Ich bin ein Magnet für liebevolle und ehrliche Liebespartner.
- Ich bin es wert, Liebe und Freude zu empfangen.
- Mein Herz ist offen für das Geschenk der Liebe.
- Ich öffne mich für den Weg der Zweisamkeit.
- Ich spüre, dass mein Seelenpartner von Tag zu Tag näher kommt.
- Wie ein Magnet ziehe ich jetzt die Liebe meines Lebens an.
- Ich genieße die unendliche Liebe meines Partners.
- Das Leben führt mich in die Arme meines Seelenpartners.
- Ich bin gesegnet mit meiner großen Liebe.

TRENNUNG

- Ich lasse in Liebe los und beginne in Liebe neu.
- Ich genieße es, mich ganz auf mich selbst zu konzentrieren.
- Ich erlaube mir zu fühlen, was gefühlt werden muss.
- Fühlen ist Heilung.
- Ich heile jeden Tag mehr und mehr.
- Egal was passiert ist, ich bin und bleibe liebenswert.
- Ich gehe im Frieden.
- Ich wünsche ihm/ihr nur das Beste.
- Ich habe mein Bestes gegeben und das ist genug.
- Ich lasse den Schmerz hinter mir und öffne mich für neue Wege.
- Ich lasse los, was gestern war, und entscheide mich für eine erfüllte Zukunft.
- Ich erkenne die Chancen unserer Trennung.
- Ich bin und bleibe ganz bei mir.
- Ich lasse das Gestern gestern sein und öffne mich für Neues.
- Alles entwickelt sich, wie es soll.
- Ich ehre die Liebe, die wir hatten.
- Ich erlaube mir loszulassen.
- Ich bin in Frieden mit unserer Trennung.

Loslassen und Annehmen

Der Weg zur inneren Freiheit führt immer über das Loslassen. Verwechsle das aber nicht mit dem Wunsch, etwas einfach nur loszuwerden. Der Zauber des Loslassens liegt nämlich sehr oft auch in der Annahme dessen, was ist. Erst wenn wir ein Paket annehmen und es neu adressieren, kann es sich von uns lösen.

LOSLASSEN, WAS BELASTET

- Ich lasse los, was mich belastet, und öffne mich für die Leichtigkeit des Lebens.
- Ich erlaube mir, sorglos und frei zu sein.
- Loslassen ist ein natürlicher Prozess, dem ich mich voll und ganz hingebe.
- Ich entscheide mich für Gedanken, die mir Freiheit schenken.
- Ich erlaube mir, alles loszulassen, was mir nicht guttut.
- Ich beherrsche die Kunst des Loslassens.
- Heilsame Energie reinigt mich von dem, was mich belastet.
- Ich lasse den Gedanken, der mich belastet, wie eine Wolke an mir vorüberziehen.
- Es fällt mir leicht, alles loszulassen, was meinem höchsten Wohl nicht dient.
- Ich erlaube mir, frei zu sein.
- Ich atme Belastungen aus und Wohlbefinden ein.
- Ich gebe meinen Widerstand auf und nehme an, was ist.
- Ich erlaube mir loszulassen.
- Ich lasse meine Sorgen los und gebe mich dem Urvertrauen hin.
- Freiheit ist meine Natur. Alles, was mich einschränkt, darf sich verabschieden.

AKZEPTIEREN, WAS IST

- Ich höre auf, gegen das zu kämpfen, was ich nicht ändern kann, und entscheide mich für Frieden.
- Ich finde Erlösung in der heilsamen Kraft der Annahme.
- Ich respektiere die Überzeugungen anderer und suche das Gute in jedem.
- Es fällt mir leicht, Dinge anzunehmen, die ich nicht ändern kann.
- Ich entspanne, erlaube und lasse los.
- Ich lasse los, was ich heute nicht ändern kann.
- All meine Gefühle dürfen sein und bekommen den Raum und die Zeit, die sie brauchen.
- Ich vertraue dem Leben und akzeptiere, was ist.
- Gelassenheit und Akzeptanz begleiten mich auf meinen Wegen.
- Ich bin voller Akzeptanz und Liebe.
- Ich besitze die Weisheit, die Dinge anzunehmen, die ich nicht ändern kann.
- Indem ich meine Gefühle liebevoll annehme, werde ich frei.
- Ich bin im Reinen mit mir und meinem Leben.

Alles, was ist, darf sein.

VERGANGENHEIT LOSLASSEN

- Meine Vergangenheit hat keine Macht mehr über mich. Ich bin frei, im Hier und Jetzt das Leben zu führen, das ich mir wünsche.
- Ich lasse los, was mir nicht mehr dient, um Platz für einen neuen Anfang zu schaffen.
- Ich lasse die Vergangenheit los und heile.
- Ich heiße ein neues Kapitel meines Lebens willkommen.
- Leicht und mühelos lasse ich das Alte los und heiße das Neue in meinem Leben willkommen.
- Ich umarme meine Vergangenheit und bin dankbar für alles, was sie mich gelehrt hat.
- Ich lasse die Vergangenheit in Frieden ruhen.
- Mein Geist ist frei von Altem und bereit für Neues.
- Ich lasse alles los, was mich daran hindert, in eine leichte und freie Zukunft zu gehen.
- Ich lasse los, was gestern war, und öffne mich für die Freiheit im Hier und Jetzt.
- Ich weiß, dass Heilung nicht linear ist, und ich akzeptiere gute ebenso wie schlechte Tage.
- Wie ein Buch klappe ich dieses Kapitel zu und fokussiere mich auf das Hier und Jetzt.
- Ich beschließe den Schmerz der Vergangenheit und werde frei.

- Ich gebe den Widerstand gegen längst Vergangenes auf und erfahre Frieden.
- Die Heilung meiner alten Wunden schreitet von Tag zu Tag voran.
- Ich schließe Frieden mit meiner Vergangenheit und sehe mich in neuem Licht.
- Jeder offene Schmerz meiner Vergangenheit darf sich zeigen und wird liebevoll von mir angenommen, bis er bereit ist, sich zu wandeln.
- Ich nehme die Chance auf einen Neuanfang zuversichtlich an.
- Alle meine Energien fokussieren sich jetzt auf meine Zukunft.
- Ich habe den Mut und die Kraft, Altes loszulassen und Neues zu beginnen.

MENSCHEN LOSLASSEN

- Ich lasse in Liebe los.
- Ich durchtrenne Verbindungen des Schmerzes und mache mich frei für Freude und Liebe.
- Mein Herz ist bereit, loszulassen und heil zu werden.
- Ich lasse unerfüllte Hoffnungen los und öffne mich für wahre Erfüllung.
- Da draußen gibt es jemanden, der besser zu mir passt.
- Ich schließe Frieden mit meinem Trennungsschmerz.
- Leicht und mühelos lasse ich das Alte gehen und heiße Neues willkommen.
- Ich befreie mich von den Ketten der Vergangenheit.

- Ich lasse vergangene Beziehungen mit Liebe los, um Platz für neue Liebe zu schaffen.
- Ich gehe in Frieden.
- Ich wünsche ihm/ihr nur das Beste. Ich wünsche mir nur das Beste.
- Es fällt mir leicht, Energievampire aus meinem Leben zu entlassen.
- Ich lasse los und fühle, wie giftige Emotionen und Gedanken von mir ablassen.
- Mit dem nächsten Sonnenaufgang lasse ich meine vergangene Liebe los.
- Ich danke für diese Erfahrung, beschließe sie und öffne mich für Neues.

An jedem neuen Tag wird ein Stück meines Herzens wieder heil.

- Ich verabschiede mich von Menschen, die nicht meinem höchsten Wohl dienen.
- Wenn es sein soll, wird es sein.
- Ich schließe Frieden mit unserer Geschichte und bin bereit für ein neues Kapitel.
- Mein Herz öffnet sich für neue Möglichkeiten.

GEWOHNHEITEN VERÄNDERN ODER LOSLASSEN

- Ich bin frei, das zu tun, was mir guttut.
- Es fällt mir leicht, negative Gewohnheiten durch positive zu ersetzen.
- Von Tag zu Tag gewinne ich mehr Kontrolle über meine Gewohnheiten.
- Es fällt mir leicht, mich zu befreien.
- Alle Gewohnheiten in meinem Leben sind gesundheitsfördernd.
- Ich bin empfänglich für positive neue Gewohnheiten.
- Durch meine mentale Stärke ist es ein Leichtes, diese Gewohnheit (schlechte Gewohnheit einsetzen) loszulassen.
- Ich höre auf, Dinge aufzuschieben, und nehme mein Leben jetzt in die Hand.
- Alle meine Gewohnheiten unterstützen mich auf positive Weise.
- Ich mache die richtigen Dinge zur richtigen Zeit.
- Ich bin offen und bereit, mein Leben auf neue Weise zu leben.
- Jeden Tag entwickle ich neue und positive Gewohnheiten.
- Es fällt mir leicht, alte Muster zu erneuern.

Veränderung

Veränderung ist dir sicher, egal wohin du gehst. Du hast immer nur zwei Möglichkeiten: Entweder du kämpfst gegen jede Art der Veränderung an und verschleuderst all deine Energie. Oder du wirst selbst zur Wandlerin, zum Wandler deiner Geschichte.

LEBEN VERÄNDERN

- Ich öffne mich jetzt für eine positive Wende in meinem Leben.
- Ich lade alle Chancen ein, die mein Leben positiv verändern können.
- Alles, was ich mir vorstellen kann, hat die Kraft, real zu werden.
- Ich trage alles in mir, was ich brauche, um mein Leben positiv zu verändern.
- Von Tag zu Tag gelingt es mir besser, meine Ziele zu verfolgen.

Veränderungen sind meine Freunde.

- Durch die Kraft meiner Gedanken verändere ich mein Leben positiv.
- Magnetisch ziehe ich jetzt alles an, was mein Leben positiv verändern kann.
- Ich bin im Innen die Veränderung, die ich mir im Außen wünsche.
- Mit Leichtigkeit komme ich meinen Zielen immer näher.
- Ich bin die Schöpferin, der Schöpfer meiner Welt. Ich entscheide mich jetzt, neu zu schöpfen.

- Ich habe die Macht, Dinge zu verändern.
- Ich habe den Mut und die Kraft, Veränderungen in meine Wunschrichtung zu erwirken.
- Wie ein Magnet ziehe ich Menschen an, die mein Leben positiv verändern.
- Ich vertraue mir die Gestaltung meines Lebens an.
- Ich lasse die positive Wende in meinem Leben jetzt zu.
- Ich entscheide mich jetzt für ein besseres Leben.

VERÄNDERUNG ANNEHMEN

- Ich habe den Mut, die Dinge zu ändern, die ich ändern kann, und die Gelassenheit, jene loszulassen, die ich nicht ändern kann.
- Ich vertraue dem Prozess des Lebens.
- Ich schließe Frieden mit allen Veränderungen, die ich nicht kontrollieren kann.
- Jede Veränderung geschieht zu meinem Besten.
- Es fällt mir leicht, neue Situationen anzunehmen.
- Ich bin dankbar für all die Veränderungen in meinem Leben, da sie mich zu diesem Moment geführt und mich zu dem gemacht haben, was ich bin.
- Ich bin offen für das Geschenk der Veränderung.
- Ich trage alles in mir, um die neue Situation erfolgreich zu meistern.
- Von Tag zu Tag fällt es mir leichter, die Veränderung anzunehmen.
- Ich weiß, dass diese Veränderung zu meinem eigenen Besten ist, und ich bin bereit, das Gute zu sehen, das sie mir bringen wird.

Ich bin voller Vertrauen und Zuversicht.

INTUITION

- Ich vertraue meiner inneren Führung.
- Ich lebe im Einklang mit meiner Intuition.
- Meine Intuition lässt mich stets die besten Entscheidungen treffen.
- Ich vertraue meiner inneren Weisheit.
- Die Antwort, die ich suche, liegt in mir.
- Meine Intuition leitet mich auf all meinen Wegen.
- Mein Bauchgefühl liegt immer richtig.
- Ich treffe stets die besten Entscheidungen für mich und mein Leben.
- Von Tag zu Tag nehme ich meine Intuition besser wahr.
- Ich höre meine innere Stimme laut und klar.
- Ich bin bereit für die Antwort meines wahren Ichs.
- Ich öffne mich für die Stimme meiner Intuition.
- Mein intuitives Selbst leitet mich.
- Mein Bauchgefühl zeigt mir den Weg.
- Ich erhalte klare und deutliche Antworten von meiner inneren Stimme.
- Intuitiv zu sein, fällt mir von Tag zu Tag leichter.

Vergebung

Vergebung ist der Schlüssel zur inneren Heilung. Vergebung bedeutet aber keinesfalls, dass man vergisst oder gar gutheißt. Nein, vielmehr sollten wir uns selbst zuliebe vergeben, denn der Groll frisst nicht den Täter, sondern uns innerlich auf. Studien bestätigen, dass Vergeben zu einer besseren physischen Gesundheit beiträgt. Tue es also vor allem für dich selbst!

ANDEREN VERGEBEN

- Ich schließe Frieden mit allem, was damals geschah.
- Alles, was mich schmerzt, lasse ich in Frieden ziehen.
- Ich befreie mich aus dem Gefängnis von Groll und Wut.
- Mein Herz ist bereit für Versöhnung.
- Ich schließe die Vergangenheit ab, vergebe und werde frei.
- Mein Herz zeigt mir den Weg zur Vergebung.
- Ich akzeptiere, was war, und lasse los, was mich verletzt hat.
- Indem ich vergebe, werde ich frei von Schmerz und Wut.
- Ich öffne mein Herz für Vergebung und Heilung.
- Von Tag zu Tag gelingt es mir besser, zu vergeben und loszulassen.
- Ich habe die Kraft, den Mut und die Stärke zu vergeben.
- In der Vergebung finde ich meine Freiheit.
- Die Vergangenheit ist vorbei und hat keine Macht mehr über mich.
- Ich löse mich von allem, was geschehen ist, und werde heil.
- Indem ich vergebe, durchtrenne ich alle Verbindungen zu ihm/ihr.
- Ich vergebe, weil meine Seele Ruhe verdient.

DIR SELBST VERGEBEN

- Ich schließe Frieden mit mir selbst.
- Ich erlaube mir, die Last der Schuld abzulegen und frei zu werden.
- Ich vergebe mir selbst und nehme mich liebevoll so an, wie ich bin.
- Ich habe nach bestem Wissen und Gewissen gehandelt und verdiene Vergebung.
- Ich erkenne an, dass ich damals mein Bestmögliches getan habe.
- Indem ich mir vergebe, verbinde ich mich mit der heilenden Kraft meines Herzens.

Ich sage Ja zu mir,
mit allem, was war.

- Ich zeige meinem früheren Ich gegenüber liebevolles Verständnis.
- Ich befreie mich von alten Lasten und schließe im Hier und Jetzt Frieden mit mir.
- In Liebe nehme ich alles an, was bisher geschah.
- Ich verzeihe mir und öffne mich für die unendliche Kraft der Liebe in mir.
- Liebevoll vergebe ich mir selbst.

- Ich vergebe mir, dass ich es damals nicht besser wusste und konnte.
- Ich nehme mein früheres Ich liebevoll in den Arm.
- Ich beende den Kampf gegen mich selbst und schließe Frieden mit mir.
- Ich finde Heilung, indem ich mir selbst vergebe.

ELTERN VERGEBEN

- Indem ich meinen Eltern vergebe, erlöse ich mich selbst.
- Weil meine Seele Frieden verdient, wähle ich Vergebung.
- Ich finde Trost und Heilung in der Gewissheit, dass meine Eltern, meine Mutter, mein Vater ihr Bestes getan haben.
- Liebevoll nehme ich mein inneres Kind in den Arm und schließe Frieden mit dem Schmerz der Vergangenheit.
- Ich löse mich von vergangenen Verstrickungen – ich akzeptiere, vergebe und heile.
- Zu wissen, dass meine Eltern einfach Menschen sind und dass jeder Fehler macht, erlaubt mir zu vergeben.
- Ich vergebe nicht, weil ich gutheiße, sondern weil meine Seele Frieden verdient.
- All meine Verbindungen zu meiner Familie werden jetzt von Heilung und Liebe durchströmt.
- Ich durchbreche den Kreislauf von Wut und Schmerz und finde Erlösung in der Vergebung.
- Die Aussöhnung mit meinen Eltern steht bevor.
- Ich beschließe den Schmerz von damals und entscheide mich für die Liebe.
- Ich nehme meine Mutter, meinen Vater, meine Eltern in mein Herz und heile den Schmerz.
- Weil ich weiß, dass verletzte Seelen verletzen, bin ich bereit zu vergeben.

EXPARTNERN VERGEBEN

- Ich lasse in Liebe und Klarheit los.
- Ich vergebe nicht, weil ich gutheiße, sondern weil mein Herz Freiheit verdient.
- Vergebung ist mein Sprungbrett zur Heilung.
- Mit dem nächsten Sonnenaufgang lasse ich all den Schmerz aus meiner vergangenen Beziehung los und entscheide mich für den heilsamen Weg der Vergebung.
- Indem ich vergebe, lasse ich los, was gestern war, und entscheide mich für eine freie Zukunft.
- Ich bin bereit, durch die Kraft der Vergebung zu heilen.
- Indem ich vergebe, befreie ich mich von der Vergangenheit.
- Ich bin dankbar für das, was wir hatten. Ich bin dankbar für das, was ich gelernt habe. Ich bin dankbar für die Kraft der Vergebung.
- Durch Vergebung trenne ich friedvoll alle Verstrickungen zu meinem Expartner.
- Ich vergebe und kehre zurück in ein selbstbestimmtes Leben in Liebe.
- Ich schließe Frieden mit dem Schmerz meiner vergangenen Beziehung.
- Ich habe den Mut, die Kraft und die Weisheit, den Weg der Vergebung einzuschlagen.

Weiblichkeit und Männlichkeit

Regen und Sonne – Yin und Yang – Weiblichkeit und Männlichkeit. Das eine ergänzt das andere und gemeinsam werden sie ein Ganzes. Diese Vereinigung in dir oder auch mit deinem Partner gelingt am besten, wenn du deine Natur annimmst, fühlst und genießt. Stärke mit Affirmationen deine Beziehung zu deiner Weiblichkeit oder Männlichkeit.

WEIBLICHKEIT STÄRKEN

- Ich genieße es, eine Frau zu sein.
- Ich verbinde mich mit Mutter Erde und komme jetzt in meine volle weibliche Kraft.
- Ich erfreue mich an meiner Weiblichkeit.
- Von Tag zu Tag genieße ich es mehr und mehr, meiner Weiblichkeit Ausdruck zu verleihen.
- Ich fühle mich feminin und begehrenswert.
- Ich lasse mich von meiner Weiblichkeit leiten.
- Ich nehme meinen Körper so an, wie er ist, und lerne, meine Weiblichkeit mehr und mehr zu lieben.
- Ich liebe meine wilde und verführerische Seite.
- Ich bin eine strahlende Göttin.
- Von Tag zu Tag wird das Yin in mir immer stärker und stärker.
- Ich genieße meine sanfte Weiblichkeit.
- Ich erwecke die weibliche Lust in mir.
- Durch meine weibliche Essenz ziehe ich Liebe magnetisch an.
- Die Urkraft meiner Weiblichkeit erfüllt mich mit Stolz und Dankbarkeit.

MÄNNLICHKEIT STÄRKEN

- Ich genieße es, ein Mann zu sein.
- Ich strahle Kraft, Männlichkeit und Selbstvertrauen aus.
- Von Tag zu Tag verbinde ich mich mehr und mehr mit der Urkraft meiner Männlichkeit.
- Ich fühle mich kraftvoll und männlich.
- Ich schöpfe aus der männlichen Kraft in mir.
- Durch die Essenz meiner Männlichkeit ziehe ich Liebe und Erfolg magnetisch in mein Leben.
- Ich definiere meine Männlichkeit.
- Verletzlich zu sein, ist meine männliche Stärke.
- Ich bin mutig, männlich, kraftvoll und selbstbewusst.
- Ich erwecke die männliche Lust in mir.
- Ich schätze und ehre alle Facetten meiner Männlichkeit.

Ziele und Wünsche

Ziele, Wünsche und Zukunftsvisionen sind unserer mentalen Gesundheit enorm förderlich. Wenn sie allerdings lange unerfüllt bleiben, frustrieren sie uns eher. Nutze daher deine Gedankenkraft, die wie pure Energie auf deine Herzenswünsche und Ziele einwirkt. Affirmationen unterstützen dich, das Leben zu führen, das du wirklich willst.

HERZENSWÜNSCHE ERFÜLLEN

- So wie ich weiß, dass morgen die Sonne wieder aufgeht, so weiß ich auch, dass mein Herzenswunsch in Erfüllung geht.
- Das Leben liebt es, mir Wünsche zu erfüllen.
- Magnetisch ziehe ich alles an, was meiner Wunscherfüllung dienlich ist.
- Indem ich dankbar bin, ziehe ich an, was ich mir wünsche.
- Alles, woran ich mit Herz und Seele glaube, hat die Kraft, wahr zu werden.
- Ich bin offen und bereit für die Realisierung meines Wunsches.
- Ich komme meinem Wunschleben Tag für Tag näher.

Ich bin immer zur richtigen Zeit am richtigen Ort.

- Ich vertraue der Gunst des Lebens.
- Mein Unterbewusstsein kennt all meine Herzenswünsche und zeigt mir den Weg.
- Voller Dankbarkeit nehme ich die Erfüllung meines Wunsches in Empfang.
- Was ich mir von Herzen wünsche, wird Realität.

- Von Tag zu Tag komme ich der Erfüllung meines Wunsches immer näher und näher.
- Ich bin es wert, vom Leben reich beschenkt zu werden.
- Ich habe den Mut, die Kraft und die Fähigkeit, meinen Herzenswunsch zu realisieren.

Ich verdiene Wunder.

ZIELE ERREICHEN

- Ich erlaube mir, erfolgreich zu sein, und erreiche mein Ziel mit Leichtigkeit.
- Täglich komme ich der Ziellinie ein Stückchen näher.
- Ich habe den Mut, die Kraft und die Fähigkeit, dieses Ziel zu erreichen.
- Alles, was meiner Zielerreichung förderlich ist, ziehe ich magnetisch in mein Leben.
- Mit Begeisterung und Disziplin komme ich meinem Ziel jeden Tag ein Stück näher.
- Ich bin ein Magnet für meine Ziele und Träume.

- Ich bin in der Lage, alles zu manifestieren, was ich mir wünsche.
- Mein Selbstvertrauen wächst von Tag zu Tag und bringt mich meinem Ziel immer näher.
- Ich konzentriere all meine Energie auf das, was ich erreichen möchte.
- Ich ziehe Menschen, die bei meiner Zielerreichung hilfreich sind, magnetisch in mein Leben.
- Jeder Rückschritt ist auch ein Fortschritt. Ich bleibe meinem Ziel treu.
- Ich bin frei von allen Zweifeln, die mich daran hindern, meine Ziele zu erreichen.
- Ich vertraue dem Fluss des Lebens, der mich zuverlässig ans Ziel bringt.
- So wie ich meinem Atem vertraue, so vertraue ich auch auf meine Fähigkeiten, die mir helfen, mein Ziel zu erreichen.
- Ich trage alles in mir, was ich brauche, um große Ziele zu erreichen.
- Kein Rückschlag wird mich daran hindern, mein Ziel zu erreichen.

Ich habe die Kraft,
meine Ziele zu verwirklichen.

PROKRASTINATION LOSLASSEN

- Ich trage alles in mir, was ich brauche, um mein Ziel zu erreichen/diese Aufgabe zu erledigen.
- Es fällt mir leicht, mein Ziel Tag für Tag neu zu fokussieren.
- Ich habe die Fähigkeit, mich auf das zu konzentrieren, was mich weiterbringt.
- Ich bin im Hier und Jetzt bereit, etwas für meine Zukunft zu tun.
- Was ich mir vornehme, kann ich auch erreichen.
- Ich bin engagiert, produktiv und konsequent.
- Dranzubleiben, fällt mir von Tag zu Tag immer leichter und leichter.
- Ich bin positiv, aktiv und produktiv.
- Alles, was ich heute tue, verbessert mein Morgen.
- Ich kann. Ich will. Ich werde.
- Es fällt mir leicht, aktiv zu werden.
- Ich beginne heute mit kleinen Schritten meine Zukunft zu gestalten.
- Ich liebe es, Maßnahmen zu setzen, um Ziele zu erreichen.
- Indem ich meine Aufgaben heute erledige, schenke ich meinem zukünftigen Ich Freiheit.
- Ich bin stark, entschlossen und fokussiert.
- Ich beende meine Projekte mit Leichtigkeit.

MEINE ABSCHLUSSWORTE. BITTE MERKE DIR:

- Du verdienst es, so sehr geliebt zu werden, dass dein Herz Freudensprünge macht.
- Du verdienst es, zu heilen und eine freie Zukunft zu genießen.
- Du verdienst es, in Fülle und Wohlstand zu leben – denn es ist genug für alle da.
- Du verdienst es, dich in deinem Beruf zu entfalten und dabei Sinn und Freude zu erfahren.
- Du verdienst es, dich selbst zu lieben und zu ehren.
- Du verdienst es, Momente voller Glück zu erleben, die dich zu Tränen rühren.
- Du verdienst es, gesund und vital zu sein.
- Du verdienst es, Menschen um dich zu haben, die es lieben, dich glücklich zu sehen.
- Du verdienst es, dass dein Potenzial endlich gesehen und anerkannt wird.
- Du verdienst es, ein Leben in Liebe, Fülle und Freiheit zu führen.

Von Herzen
Deine Melanie

AUCH MIT MIR KANN DEINE REISE WEITERGEHEN

Dieses Buch endet hier, aber dein Weg tut es nicht. Daher möchte ich dich gern weiterhin mit meinen Impulsen, Methoden und natürlich auch, falls du sie noch nicht kennst, mit meinen bisherigen Büchern begleiten. Auf meinen Social-Media-Accounts, unter den folgenden Webadressen und in den Büchern findest du weitere Inspiration für deinen Weg zu mehr Selbstliebe und innerer Freiheit.

- Webseite: https://honigperlen.at/
- Selbstliebe-Lehrgang: https://honigperlen.at/selbstliebe-lehrgang/
- Intensivkurs Befreie dein inneres Kind: https://honigperlen.at/inner-kind-kurs/
- Instagram: honigperlenmelanie
- Pinterest: www.pinterest.at/melaniepignitter
- Tiktok: www.tiktok.com/@honigperlen
- Facebook: www.facebook.com/www.honigperlen.at

MEINE BISHERIGEN BÜCHER

- Als ich lernte, meinen Hintern zu lieben, war mein Leben eine runde Sache; Goldegg
- Federleicht; Goldegg
- Honigperlen; Gräfe und Unzer
- Es ist ein Geschenk, dass es dich gibt; Gräfe und Unzer

ÜBER DIE AUTORIN

Melanie Pignitter ist diplomierte Mental- und Selbstliebetrainerin und war fünf Jahre als Business-Coach und Kommunikationstrainerin tätig. 2015 landete sie in der größten Krise ihres Lebens, die sie durch Mental- und Selbstliebetraining überwand. Seither inspiriert sie mit ihrem Erfolgsblog und -podcast »Honigperlen« sowie ihren Büchern Hunderttausende Menschen. Ganz in diesem Sinne:

Wenn du die Liebe deines Lebens suchst, schau in den Spiegel.

MEHR VON MELANIE PIGNITTER

ISBN 978-3-8338-7202-0

ISBN 978-3-8338-8233-3

Alle hier vorgestellten Bücher sind auch als eBook erhältlich.

Mehr von GU auf **gu.de** | **gu.verlag** | **gu.verlag**